AF494351

# RECRIMINATION DES JESUITES

*Contenuë dans leur Retractation de la nouvelle Heresie du peché Philosophique.*

CONVAINCUE DE CALOMNIE PAR LA NOUVELLE DECLARATION DES DISCIPLES DE S. AUGUSTIN

*Traduite en François.*

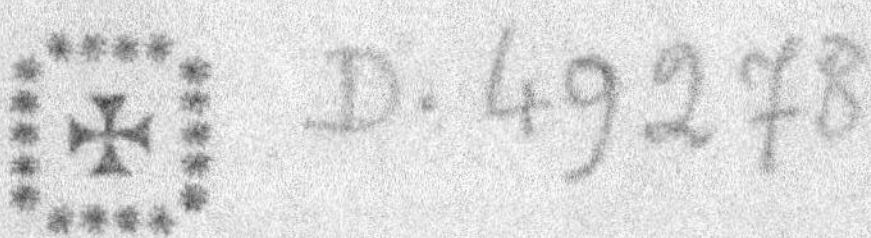



A COLOGNE,
Chez les Heritiers de CORNEILLE D'EGMOND.
M. DC. XC.

# DISCOURS OU

*L'on examine l'accusation des Jesuites; on en demesle les equivoques; & l'on propose trois usages differens que l'on peut faire de la nouvelle Declaration des Disciples de S. Augustin, pour s'assurer de leurs sentimens & de la pureté de leur foy.*

On ne se seroit peut-estre pas resolu de donner au public la Traduction de la *Nouvelle Declaration des Disciples de S. Augustin*, si les Jesuites n'en avoient fait naitre tout recemment la necessité en renouvellant leur ancienne calomnie contre ces Theologiens d'une maniere eclattante, autorisée par leurs Superieurs, & comme au nom de toute la Societé, dans l'Ecrit François qu'ils appellent, *Le sentiment des Jesuites touchant le peché Philosophique.* I. *L'occasion & la necessité de cet Ecrit.*

Ces Peres n'ont pas cru se pouvoir laver d'une heresie si grossiere sans en imputer une autre à ceux-là méme qu'ils font semblant de remercier de l'avis charitable qu'ils leur avoient donné sur ce sujet: comme s'il leur estoit defendu de se faire du bien à eux-mémes sans faire du mal aux autres; ou comme s'ils avoient regret de faire une bonne œuvre sans la gâter par des circonstances qui la degradent, & la rendent suspecte de n'avoir pour principe ni l'amour de la verité, ni le sentiment de leur innocence.

Ils n'ont pu ignorer que leur accusation venoit d'estre tout nouvellement détruite par la Declaration Latine dont on donne maintenant la version, & ils ont dû ensuitte desesperer de pouvoir rendre suspecte d'erreur dans l'esprit des Savans la doctrine de leurs adversaires sur la matiere des cinq propositions. Ce n'est pas aussi ce qu'ils ont prétendu : & leur Ecrit n'est fait que pour un certain genre de personnes qui composent *l'obedience* des Jesuites ; & à qui il n'est pas permis de rien examiner, en le recevant de leur main, & dont il est aisé de surprendre la credulité sur ces sortes de matieres épineuses qu'on leur rend encore plus impenetrables en les enveloppant d'un grand nombre d'equivoques.

Rien n'est plus commode que cette credulité aveugle, soit aux Jesuites pour entretenir eternellement le phantôme du Jansenisme dans l'esprit des personnes du monde, ou à celles-ci pour condamner des gens odieux à la Societé sans se donner la peine de rien examiner ; & flatter ainsi les Jesuites par une complaisance dont ces Peres sauront bien leur paier l'interest sans qu'il leur en coute rien.

Mais je ne say si une telle complaisance n'est point une semence de remors & de reproches terribles pour ce jour où il faudra aller repondre à Dieu des jugemens temeraires de toute la vie, entre lesquels il n'y en a point de plus considerables ni de plus criminels, que de juger des Pretres, des Religieux, des Evesques coupables d'heresies sur la seule parole de leurs ennemis, pour ne vouloir pas faire un examen qui seroit tres-facile aux personnes mêmes qui ne sont point Theologiens de profession, mais qui ont du bon sens & de l'equité naturelle.

II. *Obligation d'examiner*

Ceux pour qui les Jesuites ont fait ce dernier Ecrit dont nous parlons, seront donc egalement inexcusables s'ils ouvrent l'oreille à leur accu-

sation,

sation, & la ferment à la justification des Disciples de S. Augustin dans une matiere aussi importante qu'est celle de la foy, & dans des circonstances où tout les doit porter à commencer par suspendre au moins leur jugement & leur creance, & où même l'equité voudroit qu'ils panchassent plutost du costé des accusez, que de celui des accusateurs.

*l'accusation des Jesuites. Prejugez pour les accusez.*

Car quant à ceux-ci, leur accusation est une recrimination; & ce nom seul est suspect. Ceux qui la font sont des ennemis declarez, irritez par une denonciation d'heresie qui les a forcez à une retractation publique, & convaincus cent fois de calomnie sur le sujet dont ils font la matiere de leur accusation. Cette accusation est vague, generale, sans la moindre preuve, sans rapporter les paroles des accusez, où ils pretendent avoir trouvé des erreurs; & la verité qu'ils leur imputent de combattre, est conçue en des termes captieux, equivoques, pleins d'artifices, tels qu'ont accoutumé d'en emploier ceux qui ont un dessein formé de surprendre & de tromper le monde.

Au contraire la Declaration des Disciples de S. Augustin est nette & precise, a esté examinée mot à mot & syllabe à syllabe dans une celebre conference, où elle fut reconnue il y a plus de 25. ans par les Jesuites mêmes exemte de toute erreur, louée par de savans Evesques, envoiée par eux au S. Siege Apostolique qui n'y a rien trouvé à redire, adoptée par d'habiles Theologiens & par l'Ecole de S. Thomas. Ceux qui font aujourd'hui cette Declaration à la face de toute l'Eglise n'y disent rien qu'ils n'aient toujours dit, aiant toujours protesté qu'ils n'avoient point d'autres sentimens sur la matiere des cinq propositions que celle qui est contenue dans les cinq Articles, & qu'ils condamnoient sincerement toutes les erreurs que les Papes Innocent X. & Alexandre VII. ont condamnées dans ces cinq fameuses propositions. Enfin ces Theologiens ne sont proprement accusez que par les Jesuites, & le sont pendant que les Papes & les Evesques les reçoivent dans leur Communion, & qu'ils témoignent mêmes de la satisfaction des services qu'ils rendent à l'Eglise par un grand nombre d'ouvrages de doctrine & de pieté qu'ils ont donnez & qu'ils donnent tous les jours au public.

Il y a là assurement dequoi arrester un jugement précipité: & si on ne le suspend par la vue de cette situation des accusateurs & des accusez, il faut qu'il y ait une prévention excessive & un entestement outré.

III. *Il est tres aisé de savoir si les accusez sont innocens. Trois moiens par la nouvelle Declaration.*

Mais ce n'est pas assez. Il est difficile que le jugement demeure long tems suspendu: & la loy de Dieu ne nous permet pas même de nous tenir en cet etat de doute à l'egard de la foy de nos freres, à moins que toutes les voies de nous en eclaircir nous fussent fermées, & qu'il nous fût impossible de les justifier dans notre esprit des soupçons que l'on auroit justement conçus contre la pureté de leur foy; ce qui ne se trouve point ici. Car rien n'est plus aisé en l'etat où l'on a mis les choses aujourd'hui, que de s'assurer de la pureté de la foy de ces Theologiens, pour peu qu'on veuille s'en donner la peine, ou sans le secours de l'etude, ou avec une mediocre connoissance des matieres de la Theologie.

On peut par le moien de la seule Declaration qu'ils publient de nouveau, s'eclaircir de leurs sentimens, & connoitre avec toute la certitude que l'on peut avoir en ces occasions, s'il est vrai qu'ils aient des opinions particulieres qui ne soient point approuvées dans l'Eglise, & qui doivent les rendre suspects sur la matiere des cinq Propositions. Et comme ceux qui voudront

s'aps'appliquer à cet Eclairciſſement peuvent eſtre plus ou moins en etat de le faire, & que pluſieurs ſe trouveront peu capables d'examiner par eux-mêmes des matieres de Theologie, nous propoſerons trois differens uſages que l'on peut faire des cinq Articles dont chacun ſuffit ſeul pour reconnoitre l'injuſtice de l'accuſation que font les Jeſuites dans leur nouvel Ecrit aux Diſciples de S. Auguſtin.

Le premier uſage des cinq Articles eſt d'examiner par ſoi-même tout ce qu'ils contiennent & d'en diſcuter tous les dogmes les uns apres les autres ſans les comparer avec autre choſe qu'avec la foy de l'Egliſe, qui doit eſtre la regle de cet examen.

Le ſecond uſage eſt les faire examiner par de ſavans Theologiens ſur le jugement deſquels on ait ſujet de ſe repoſer.

Le troiſiéme, de les examiner par rapport à l'accuſation des Jeſuites, en emploiant la doctrine de ces Articles pour demeſler les equivoques de cette accuſation.

IV. *I. Moien : Examen de leur doctrine.*

La premiere methode eſt la plus naturelle, la plus ſimple, & entierement ſûre pour ceux qui en ſont capables. Car puiſque toutes les accuſations d'hereſie que les Jeſuites font retentir par toute l'Egliſe depuis tant d'années, ſont toutes fondées ſur les cinq Propoſitions condamnées par les Papes Innocent X. & Alexandre VII. & que les cinq Articles contiennent d'une maniere fort claire & fort preciſe ce que ces Theologiens tiennent ſur la matiere de ces Propoſitions, peut-on s'imaginer une voie plus propre à s'eclaircir de la verité de leurs ſentimens, que la lecture & l'examen ſincere de ces Articles? Il n'y auroit qu'une choſe qui pourroit les rendre ſuſpects, qui ſeroit ſi on trouvoit qu'ils euſſent varié dans leurs ſentimens, & que d'autres de leurs ouvrages continſſent quelque chose de contraire à ce qu'ils exposent ici aux yeux de l'Eglise. Mais on est bien assuré qu'on ne trouvera rien que d'uniforme dans un si grand nombre d'Ecrits qu'ils ont esté obligez de faire depuis plus de quarante ans sur ces mêmes matieres. Et on peut dire qu'il leur estoit presque impossible de varier; parce que, comme ils l'ont si souvent declaré, tous leurs ouvrages ont toûjours roulé sur ces deux seules veritez capitales, la predestination gratuite des Saints, & la grace de JESUS-CHRIST efficace par elle-même, & necessaire pour vouloir & pour faire tout bien utile au salut; & qu'ils n'ont defendu ces deux veritez qu'avec les armes de S. Augustin, & de la Tradition qui a autorisé la doctrine de ce saint Docteur.

Mais quelque sûre que soit cette methode, elle n'est pas de la portée de tout le monde, & le commun de ceux qui ne font pas profession de Theologie ne peuvent faire cet usage des cinq Articles. En voici donc un autre.

V. *2. Moien: Information sur deux faits.* LA SECONDE METHODE ou le second usage des cinq Articles est le plus court, le plus aisé, & presque aussi sûr que le premier, pourvû qu'il se trouve de la bonne foy & de la sincerité de part & d'autre, dans ceux qui interrogeront & dans ceux qui répondront. Il consiste en tout à s'informer de deux faits qui sont tres faciles à verifier.

Le 1. fait. S'il est vrai que ces Theologiens accusez n'ont point sur la matiere des cinq Propositions d'autres sentimens que ceux des cinq Articles contenus dans leur Declaration.

Le 2. fait. Si la doctrine de ces cinq Articles est entierement catholique & exemte de tout soupçon d'erreur.

L'affirmative de ce second fait est si clairement prouvée dans le Narré qui suit les cinq Articles, & il est autorisé par tant de témoignages de toutes sortes, qu'il semble qu'il y auroit de la temerité d'en douter. Mais puisque nous supposons ici que celui qui cherche à connoître la verité ne veut ou ne peut pas s'en rapporter à lui-même sur ce fait, qu'il fasse voir ces cinq Articles à quelques Theologiens pieux, habiles & desinterressez des Ordres ou de S. Dominique ou des Carmes Dechaussez, ou de quelqu'un des autres Ordres, ou des Facultez de Theologie qui font profession d'enseigner, & qui enseignent effectivement la doctrine de l'Ecole de S. Thomas; & qu'il les prie de declarer en conscience & devant Dieu, s'ils trouvent quelque chose dans ces Articles qui leur paroisse le moins du monde suspect, & si ce n'est pas au contraire ce qui s'enseigne communément & sans contradiction dans toutes les Ecoles du Docteur Angelique. Je suis assuré qu'ils lui répondront, qu'ils ne contiennent rien que de tres catholique, & qui ne se soutienne tous les jours tres librement dans leurs Theses à Rome sous les yeux du Pape, & par tout ailleurs dans les Ecoles les plus autorisées de l'Eglise.

Quant au premier fait, il n'est pas necessaire de s'en rapporter à d'autres; parce que c'est une affaire de conscience, & où l'on ne peut refuser d'ajouter foy à son prochain sans se rendre coupable d'un jugement fort temeraire. Car si aprés la protestation publique la plus nette & la plus claire qu'on puisse faire, on s'obstine à ne pas vouloir ajoûter foy à ceux qui la font à la face de toute l'Eglise, & dans les Ecrits de qui on ne sauroit rien trouver de contraire, aiant toûjours enseigné la même doctrine: Si, dis-je, on continue à vouloir fermer les yeux & se boucher les oreilles pour ne pas voir & ne pas entendre une profession de foy si catholique; si au lieu de cela on va fouiller dans le cœur des gens pour y chercher des erreurs qu'on pretend y eſtre cachées, & ſe faire de cette imagination temeraire un droit de rejetter toutes les declarations exterieures de doctrine que donnent à l'Egliſe ces Theologiens accuſez; c'eſt fait deſormais de la paix & de l'unité de l'Egliſe; c'eſt fait de l'innocence la plus pure & la plus entiere. Il n'y a plus de voie de retour pour les heretiques, plus de voies de juſtification pour les Catholiques calomniez, plus de moiens de rendre à l'Egliſe un témoignage de ſa foy & de l'attachement le plus inviolable aux veritez decidées par ſes Decrets. Les Symboles & les confeſſions de foy ſeront à l'avenir inutiles, ſi une fois les hommes ſe mettent en poſſeſſion de juger du cœur des autres hommes independemment de tous les témoignages les plus recevables qu'ils en puiſſent donner eux mêmes. Enfin la Declaration même que les Jeſuites viennent de faire de leur ſentiment touchant le peché philoſophique, quand elle ſeroit auſſi claire & auſſi nette qu'ils le pretendent, pourroit eſtre regardée comme une chanſon. Car quelques privileges qu'ils ſe vantent d'avoir, je ne croy pas qu'ils en aient un pour eſtre plus croiables que les autres hommes, ni pour donner aux paroles plus de force & d'energie dans leur bouche qu'elles n'en ont dans la bouche des autres. Au contraire la doctrine des equivoques dont ils font profeſſion, & dont on ne voit que trop d'uſage dans leur Retractation même, donneroit droit de tenir leur Declaration pour ſuſpecte juſqu'à l'Eclairciſſement de ces equivoques dont ils l'ont entortillée.

Rien n'eſt ſi aiſé que de s'éclaircir de la verité par cette voie: & je ne ſay comment ſe pourront excuſer au jugement de Dieu ceux qui aimeront mieux demeurer dans leurs preventions vieilles ou nouvelles, que de s'informer au moins par ce moien des ſentimens de leurs freres,

res, & de s'épargner à eux mêmes beaucoup de jugemens temeraires, & peut-estre un grand nombre d'autres pechez, en s'assurant ainsi de la pureté de la foy de ceux qui sont avec eux dans le sein de l'Eglise, & qui offrent & reçoivent à l'autel du Seigneur la même victime & le même Sacrement de l'unité divine des Chrestiens.

LA 3. METHODE, & le troisiéme usage que nous proposons à faire des cinq Articles est peut-étre le plus difficile; parce qu'il consiste à comparer cette Declaration des Disciples de S. Augustin avec l'accusation de leurs adversaires, & qu'il est necessaire pour cela d'examiner exactement toutes les paroles essentielles de l'une & de l'autre, afin de voir si les Jesuites n'imposent point au public par des termes equivoques, qui renferment divers sens, dont les uns sont heretiques, & les autres Catholiques. Cependant cet examen est le plus necessaire pour se defendre des surprises. Et j'espere qu'aprés que l'on aura consideré avec attention, & demeslé les equivoques & artifices dont est toute l'issue l'accusation de ces Peres contre les Disciples de S. Augustin, & qu'on l'aura comparée avec la Declaration de ces derniers, on demeurera d'accord que les termes, où les Jesuites pretendent que sont contenues les heresies qu'ils imputent aux autres, ne sont emploiez par ces Theologiens que dans un sens tres orthodoxe; & qu'au contraire les Jesuites cachent sous ces mémes termes des opinions nouvelles & erronées.

*VI. 3. Moien: comparaison entre l'accusation, & la Declation des accusez.*

Voici la proposition qu'ils pretendent que tiennent tous les vrais Catholiques, & qu'ils assurent avoir esté traitée d'erreur par le Denonciateur de la nouvelle heresie,

*Que Dieu ne fait jamais de commandemens aux hommes sans leur donner le pouvoir de les acomplir : & qu'il seroit injuste s'il les punissoit*

*pour des crimes qu'il leur auroit esté impossible d'eviter.*

En considerant cette proposition en elle-même & dans ces termes generaux, il est tres faux que le Denonciateur, ni aucun autre Disciple de S. Augustin l'ait jamais traitée d'erreur. Si les Jesuites avoient trouvé quelque chose de cela dans la Denonciation, ils n'auroient pas manqué d'en rapporter les propres paroles, comme on a rapporté celles de la These de Dijon; comme ils ont rapporté eux-mêmes celles du Denonciateur, pour marquer en quoy il met la nouvelle heresie. Mais ils n'avoient garde d'exposer aux yeux du public des paroles qui ne furent jamais, & qui sont une pure calomnie de ce nouvel Accusateur; & on le défie de faire voir nulle part dans aucun Ecrit de ses adversaires cette proposition traitée d'erreur.

C'est, encore un coup, une imposture de dire qu'on se soit *declaré contre cette proposition pour le grand principe de la doctrine de Jansenius, qui a esté condamnée & proscrite par tous les Tribunaux de la terre*, &c. Comme il est visible qu'ils veulent parler des cinq propositions il suffit maintenant à leur egard, sans entrer en d'autres discussions, de les renvoier aux cinq Articles, dont on donne ici la Traduction & l'histoire, & qu'ils ont vûs sans doute en latin avant que de publier leur Ecrit.

VII. *Fuites & equivoques des accusateurs dans les mots de* grand principe, d'hommes, & de pouvoir.

Mais pour ceux qu'ils veulent tromper, pour peu qu'ils veulent examiner les termes de cette accusation, ils en verront l'injustice & la malignité, en y remarquant plusieurs choses qui meritent beaucoup de consideration.

La 1. est. Qu'encore que le dessein des Jesuites soit de faire croire au monde que leurs adversaires soûtiennent les erreurs condamnées dans les cinq Propositions, ils n'ont osé neanmoins le dire ici ouvertement; mais ils ne parlent que d'un d'un pretendu *grand principe de la doctrine condamnée & proscrite* ; principe aussi invisible que les autres erreurs, dont ils les accusent. Ainsi ils commencent à reculer & à changer de baterie, voiant leur mine eventée du costé de la doctrine même des cinq Propositions.

2. Ils donnent encore le change dans leur proposition qu'ils veulent faire croire que l'on combat. Car en disant, *Que Dieu ne fait jamais de commandemens aux hommes sans leur donner le pouvoir de les accomplir* ; ils font une proposition generale qui regarde tous les hommes ; au lieu que dans la premiere des cinq Propositions, qu'ils ont en vue, il n'est question que des justes, & non pas même de tous les justes, mais seulement de ceux qui ont quelque volonté & qui font quelque effort pour garder les commandemens ; comme en effet il n'est aussi parlé que des justes dans la decision du Concile de Trente contre Calvin, que le Pape Innocent X. a designée par ces mots, *anathemate damnatam* ; parce que l'erreur de cet heresiarque que le Concile condamne, consistoit en ce qu'il soutenoit, que les commandemens de Dieu sont impossibles aux justes, quelque grace qu'ils aient.

3. Cette proposition est mal enoncée : *Dieu ne fait jamais de commandemens aux hommes sans leur donner le pouvoir de les accomplir* : soit qu'on l'entende des justes seulement, ou qu'on l'entende de tous les hommes en general. Il falloit dire : *Dieu ne fait jamais de commandemens aux hommes qu'il ne leur ait donné le pouvoir* : car tous les hommes ont reçu de Dieu le pouvoir d'accomplir ses commandemens avant que ces commandemens leur aient esté donnez : Dieu ne les faisant qu'à des hommes raisonnables, libres & capables de choisir le bien ou le mal, d'accomplir ou de ne pas accomplir

Posse habere fidem, sicut posse habere charitatem, naturæ est hominum; habere autem fidem, quemadmodum habere charitatē, gratiæ est fidelium. Illa itaque natura, in qua nobis data est possibilitas habendi fidem, non discernit ab homine hominē; ipsa verò fides discernit ab infideli fidelem. *Aug. de Prædest. SS. c. 5.*

plir la loy de Dieu. Et outre ce pouvoir qui est commun à tous, parce qu'il est de la nature, comme S. Augustin l'enseigne positivement, les justes qui s'efforcent de garder les commandemens de Dieu, ont encore & le pouvoir de la grace habituelle, & le pouvoir de cette sorte de grace actuelle qu'on peut appeller suffisante au sens des Thomistes, comme on le declare expressément dans le premier des cinq articles, où l'on ne refuse de reconnoitre dans ces justes qui tombent que le seul pouvoir que donne la grace efficace, que certainement ils n'ont pas alors, de l'aveu des Jesuites mêmes.

Voila donc déja cinq ou six equivoques en deux mots. Trois dans celui-ci *d'hommes*, & autant dans celui de *pouvoir*. Car quand on parle du pouvoir qu'ont les hommes d'accomplir la loy de Dieu, il ne faut jamais parler des hommes indeterminément. Il faut bien distinguer entre l'homme innocent & l'homme corrompu par le peché; marquer si on parle de tous les enfans d'Adam en general, ou seulement de quelques uns; & si en parlant seulement de quelques-uns, ce sont des pecheurs ou des justes. Le pouvoir d'Adam innocent est bien different de celui de ses enfans. Le pouvoir commun à tous les hommes, different de celui de quelques-uns; & le pouvoir de ceux qui sont dans le peché, tout d'une autre nature que le pouvoir de ceux qui sont en etat de grace.

Il y en a autant dans le mot de *pouvoir*, & l'on a visiblement affecté à mauvais dessein de parler indefiniment d'un pouvoir d'accomplir les commandemens de Dieu, sans expliquer si celui dont on veut parler est naturel ou surnaturel, du libre arbitre ou de la grace, eloigné ou prochain, imparfait ou accompli.

VIII. *Equivoque du*

4. Nous ne sommes pas au bout des equivoques. Rien ne l'est plus que le terme d'impossible

sible qu'ils emploient dans le second membre de leur proposition : *Que Dieu seroit injuste s'il punissoit les hommes pour des crimes qu'il leur auroit esté impossible d'eviter.* Cette proposition prise absolument est tres-veritable, & une proposition de foy ; parce que jamais il n'est absolument impossible aux hommes d'eviter le peché. S'ils ne les peuvent eviter par leurs propres forces, il le peuvent par la grace de Dieu: & cela suffit pour dire que les commandemens de Dieu ne sont impossibles à aucun homme, comme l'enseignent expressement S. Thomas & le Cardinal Bellarmin Jesuite apres S. Augustin.

*mot d'impossible & de l'accusation entiere.*

Il est vrai qu'il y a plusieurs sortes de *possibilité*, aussi bien que d'*impossibilité*. Il y a une possibilité parfaite ; il y en a une imparfaite, selon la perfection ou l'imperfection du pouvoir que donnent aux hommes, ou la nature, ou les differentes sortes de graces dont ils se trouvent pourvus. Ainsi la possibilité est imparfaite quand on n'a que celle de la nature raisonnable & du libre arbitre, ou quand on n'a que ces sortes de graces suffisantes au sens des Thomistes qui ne donnent que des volontez foibles, & ne font faire que des efforts imparfaits & insuffisans pour accomplir le commandement. La possibilité est parfaite quand elle est jointe à l'effet : *possibilitas cum effectu*, selon que parle S. Augustin : ce qui arrive toujours quand on a une grace absolument efficace & qui renferme tout ce qui est necessaire pour agir ; & ce qui n'arrive jamais que quand on a cette sorte de grace. Si donc on dit communement qu'une chose est impossible à un homme, quand il n'a pas tout ce qui lui est necessaire pour la faire, quoi qu'elle ne lui soit pas absolument impossible, parce que ce qui lui manque lui peut-estre donné, on doit demeurer d'accord que les commandemens

mandemens de Dieu, selon toute l'Ecole de S. Thomas, sont impossibles en ce sens à tous ceux qui n'ont pas la grace efficace par elle-même pour les accomplir, c'est à dire à tous ceux qui ne les accomplissent pas; puisque la grace efficace, selon cette Ecole, est necessaire pour accomplir tout commandement de Dieu; quoi qu'ils ne leur soient pas absolument impossibles, la grace qui leur manque pouvant leur estre donnée. Peut-on dire cependant sans un horrible blaspheme, que Dieu soit injuste quand il punit tous ceux qui n'observent pas sa loy? On fremit quand on y pense seulement. Il les punit sans doute tres-justement: parce que cette sorte d'impossibillté n'est pas absolue, & qu'elle ne vient que de la corruption de leur cœur & de la mauvaise disposition de leur volonté. Car encore qu'il soit vrai que c'est la grace qui est positivement cause que nous accomplissons la loy, & que c'est elle qui est le principe de nostre obeïssance en y portant nostre volonté; il n'est pas vrai que l'absence de la grace, soit cause positivement de ce que nous ne l'accomplissons pas, rien ne nous portant au mal que nostre propre cupidité, dont Dieu n'est point cause, & nostre volonté corrompue estant seule le principe de nostre desobeïssance & de nostre peché.

5. On n'auroit jamais fait si on vouloit s'arrester à toutes les equivoques, obscuritez, ambiguitez, faux-fuians, déguisemens, détours affectez de ce dernier avis de ces Peres; car c'en est une fourmiliere. C'est un chef-d'œuvre de l'art, que l'on voit bien qui vient de la boutique des meilleurs ouvriers. En moins de vint lignes on se tue de crier à l'heresie, sans qu'on puisse voir en quoi précisement on la met. On se récrie sur la maniere dont on a combattu le peché Philosophique, comme peu orthodoxe, qui

qui scandalise, dit-on, les gens de bien, rejouit les heretiques, favorise les libertins ; mais cette maniere ne s'explique que par un galimathias achevé. On se plaint que l'on traite d'erreur des veritez Catholiques, sans qu'on ose dire ni où, ni comment, ni en quels termes. On parle d'un pouvoir d'accomplir la loy de Dieu, sans marquer en quoi il consiste. On declame contre une doctrine proscrite & condamnée par tous les tribunaux de la terre, on reproche qu'on s'eleve contre les Puissances Ecclesiastiques & Seculieres, on accuse des gens de retablir une heresie pernicieuse à la Religion & aux bonnes mœurs, on fait sonner bien haut un *grand principe de Calvin*, en joignant à cet heresiarque un Evesque tres-Catholique, & le plus grand fleau de Calvin ; & quand aprés tout cela on s'efforce de comprendre ce qu'on veut dire, on n'en sauroit venir à bout, il faut deviner, on ne sçait ou mettre le pied pour se fixer, & on ne peut prendre aucune idée juste & arrestée de cette pretendue heresie pour laquelle on fait tout ce vacarme.

IX. *On s'est expliqué clairement, & on est disposé de le faire de nouveau.*

Apres cela on a bonne grace de nous demander *une retractation dans les formes, un desaveu sincere, sans restriction & sans equivoque*, qu'on nous veut faire croire que *le public attend* de nous. Ils imposent au public, dont on est assuré qu'ils seront desavouez. Il est trop equitable pour exiger qu'on s'explique de nouveau apres qu'on lui a rendu si souvent raison des sentimens que l'on a sur ces matieres ; trop raisonnable pour vouloir que les accusez ; donnent des desaveux & des retractations sur une pretendue heresie que les accusateurs n'osent expliquer. Ce public, que l'on fait parler comm e l'on veut, se fait assez entendre lui-même en faveur de ces accusez : & on est assuré qu'il n'attend plus d'explications ni de declarations nouvelles sur la do-

ctri-

ctrine, principalement apres celle que l'on vient de publier de nouveau en latin, & qu'on donne encore ici en françois, de peur que les Jesuites ne s'avisent de dire qu'on n'a pas osé s'expliquer dans une langue entendue de tout le monde & qu'ils ont emploiée pour leur accusation.

Apres cette Declaration, c'estoit à eux de parler, & de parler nettement & sans equivoque, soit en expliquant leurs sentimens, ou en formant leur accusation contre la doctrine de leurs adversaires, qu'on leur mettoit devant les yeux & qu'on exposoit à ceux du public. On les avoit defiez de faire l'un & l'autre. On les avoit conjurez d'y eviter tout déguisement & toute ambiguité, & on avoit droit de s'attendre qu'ils y auroient egard. Mais ils ont fait la sourde oreille pour se conserver dans leur ancienne possession d'equivoquer & de calomnier : & au lieu de repondre au défi qu'on leur a fait & qu'on leur fait encore, de donner au public ce que le public attendoit d'eux, ils s'avisent de faire intervenir le public & de lui faire dire qu'il attend de nous ce que nous venons de lui donner, & dont assurément il est content.

Cependant on ne refuse point de s'expliquer encore de nouveau. On est prest même de faire *une retractation dans les formes* & de donner *un desaveu sincere, sans restriction & sans equivoque*, de toute erreur que l'on aura fait voir que nous soutenons. Mais il faut pour cela qu'ils parlent eux-mêmes sans equivoque & sans déguisement. Il faut que d'une maniere nette & précise ils marquent & la proposition qu'ils pretendent estre de la foy de l'Eglise, & la contradictoire qu'ils pretendent estre une heresie & qu'ils accusent leurs adversaires de soutenir. Et outre cela il faut que ce qu'ils pretendront estre de la foy de l'Eglise, ils fassent voir que l'Eglise se même par ses decisions, ou l'Ecriture expliquée par la Tradition, l'ont declaré de foy. Quand cela sera fait de leur part, les Disciples de S. Augustin ne manqueront pas de leur costé d'y repondre d'une maniere dont le public au moins sera satisfait, si les Jesuites ne le sont pas eux-mêmes.

Ils nous permettront sur cela de leur donner un avis : c'est de choisir pour travailler sur ce sujet un Ecrivain qui ait l'esprit solide & Theologique, qui entende bien les matieres, & qui sache autre chose que faire l'anatomie d'un mot, tourner une phrase, arranger une periode, faire une declamation, donner un air de galanterie à ses écrits, ou qui tout au plus mette tout son soin à faire des discours artificieux, dont la plus grande force consiste dans une confiance & une hardiesse demesurée à tout dire, & à avancer tout ce qu'on croit avantageux à sa cause sans se mettre en peine s'il est vrai ou faux. Car ce caractere est si decrié parmi les gens de bon gout, & si indigne d'ailleurs d'une matiere dogmatique & des veritez de la Religion, que les Superieurs ne donneroient pas sujet de louer leur jugement, si on s'appercevoit de ces defauts dans celui qu'ils chargeroient de leur cause.

En attendant ce que les Jesuites jugeront à propos de faire de tout ce que je viens de leur marquer, je ne puis me dispenser de satisfaire en peu de paroles à la curiosité de quantité d'honnestes gens, qui demandent avec quelque empressement, d'où vient que les Jesuites ont rempli un si petit ecrit d'un si grand nombre d'equivoques ? Pourquoi ne pas parler clairement dans un sujet qui demandoit que l'on ecrivit, pour ainsi dire, avec les rayons du soleil ? Pourquoi enoncer si obscurement une proposition dont la contradictoire est, si on les en croit, l'hel'herefie de leurs adverfaires ? Pourquoi enfin ne rapporter pas leurs paroles ?

Il n'eft pas difficile de dire pourquoi. En voici deux raifons tres-veritables, & pour ainfi dire, tres-literales.

X. *2. Raifons des equivoques des Jefuites 1. Raifon.* LA PREMIERE eft, qu'il eftoit de l'intereft de la Societé, que celui qui a denoncé leur nouvelle herefie fut lui-meme accufé d'herefie & paffât pour heretique dans l'efprit des Puiffances Ecclefiaftiques & Seculieres, à qui on avoit denoncé le peché Philofophique. Et comme on n'a rien trouvé dans fon Ecrit qui fentit l'herefie, il a fallu en faire une exprés ; ne la propofer qu'indirectement & en des termes difficiles à demefler au commun du monde, de peur que la calomnie ne fut trop vifible, & la juftification des accufez trop facile à trouver. Ils ont donc conftruit leur propofition de telle maniere que l'on conçoit d'abord que les Difciples de S. Auguftin foutiennent que Dieu peut faire des commandemens à quelques fortes d'hommes que ce foit & en quelque etat qu'ils foient, d'innocence ou de corruption, de grace ou de peché, fans qu'ils aient ou qu'ils aient reçu aucun pouvoir de les accomplir, de quelque nature que foit ce pouvoir. Par ce moien on fait regarder les Theologiens accufez comme de pernicieux heretiques, comme des difciples de Calvin qui foutiennent que les commandemens de Dieu font abfolument impoffibles même aux juftes, & qui par confequent defendent l'erreur condamnée par les Papes Innocent & Alexandre dans la premiere des cinq propofitions. Il eft aifé apres cela par les confequences de les faire paffer pour des blafphemateurs de la Majefté de Dieu, qui puniroit les pecheurs pour des crimes qu'il leur auroit efté abfolument impoffible d'eviter.

Mais l'artifice des equivoques eftant une fois décou-

découvert, il sera aisé à quiconque aura de la bonne foy & du bon sens de justifier le Denonciateur. Car pour le dire encore aussi clairement qu'on le peut.

Si la proposition des Jesuites s'entend de tous les hommes en general, ou même de tous les justes sans exception, elle n'a aucun rapport à la premiere des cinq propositions condamnées, qui ne parle que des justes, & non pas des pecheurs, & qui ne parle pas meme de tous les justes, mais seulement de ceux *qui veulent & s'efforcent selon leurs forces presentes d'accomplir les commandemens de Dieu.* Ainsi c'est tromper le monde pour avoir le plaisir de se vanger, que d'emploier les Bulles & les condamnations des Papes Innocent & Alexandre sur une proposition dont ils n'ont point parlé.

Si la proposition s'entend de ces sortes de justes *qui ont quelque volonté & qui font quelques efforts selon leurs forces presentes:* il est vrai qu'elle a rapport à la premiere des cinq propositions; mais il est vrai en meme tems que c'est la calomnie la plus noire, & la plus visible que d'accuser les Disciples de S. Augustin de ne reconnoitre aucun pouvoir dans ces sortes de justes.

Car en quelque sens que l'on prenne la proposition des Jesuites, ou en entendant tous les hommes, ou quelques uns d'entre les pecheurs, ou tous les justes, ou ces justes seulement dont parle la 1. proposition qui font des efforts, le Denonciateur & tous les autres Disciples de S. Augustin reconnoissent que la proposition des Jesuites est vraie en general. Car il n'y a aucun homme en qui ils ne reconnoissent le pouvoir de la nature & du libre arbitre, secouru par un nombre infini de bienfaits de Dieu & de la vue de sa sagesse & de sa grandeur gravez dans les ouvrages de sa toutepuissance. Ils reconconnoissent dans beaucoup de pecheurs, outre le pouvoir naturel, celui des secours surnaturels de lumiere & de mouvemens interieurs des graces excitantes, ou suffisantes au sens des Thomistes. Ils reconnoissent dans tous les justes le pouvoir de la grace habituelle & de la charité du S. Esprit qui regne dans leurs cœurs. Enfin ils reconnoissent dans les justes qui veulent & qui s'efforcent, quoi qu'insuffisamment, ces graces excitantes dont nous venons de parler, en vertu desquelles ils veulent foiblement le bien & font des efforts imparfaits. Voiez le premier des cinq articles.

Pour nier tous ces faits il faut estre ou bien ignorant ou bien aveuglé par sa passion : & il n'y a que les Jesuites que le soient jusqu'à ce point, & à qui l'envie de faire passer pour heretiques leurs adversaires a persuadé qu'il est du bien de l'Eglise d'imputer à des Theologiens Catholiques des erreurs qu'ils ont toûjours detestées, & dont les heretiques mêmes, qui avoient plus d'interest à les leur attribuer, les ont crû innocens.

Je dis qu'ils les en ont crû innocens, selon nos idées; par ce qu'en suivant les leurs ils font à M. l'Evêque d'Ypre & aux disciples de S. Augustin une accusation d'erreur, pour avoir admis le pouvoir d'accomplir les commandemens de Dieu. Il ne faut que voir comme en parle Melchior Leydecker Professeur en Theologie à Utrecht dans ses dix premiers Theses soûtenues il y a dix ans, & qui ont pour titre, *De Jansenianismo* : *La cinquiéme erreur de Jansenius*, dit-il dans la VI. These, *est qu'il soûtient la puissance d'accomplir la Loy : en quoi consiste presque tout le Papisme. Car on n'y parle d'autre chose que de justification par les œuvres, de merites de la vie éternelle, d'œuvres de surerogation, &c. Et les Jansenistes ne peuvent souf-*

*souffrir qu'on leur impute le dogme de l'impuissance d'accomplir la loy. Ils sont si ridicules*, ajoûte-t'il dans la VII. These, *que pour pouvoir condamner Calvin ils soûtiennent cette réverie d'une possibilité ou puissance d'accomplir la loy qui soit dans les Saints.* Voilà comme écrit un heretique dans des Theses où il fait tout ce qu'il peut pour faire voir que Jansenius a les mêmes sentimens que luy sur d'autres articles. Et c'est la honte de la Societé, qu'il y ait sur ce point particulier moins de sincerité & de bonne foy dans celui qu'elle a chargé de la défense de sa cause, que dans un ennemi declaré de l'Eglise.

XI. *2. Raison des equivoque des Jesuites.*

LA SECONDE raison de l'obscurité affectée & de tout ce grand attirail d'equivoques dans l'Ecrit des Jesuites, c'est qu'ils ont eu autant de honte d'exposer aux yeux de l'Eglise leurs veritables sentimens, qu'ils ont eu de crainte qu'on ne connût ceux de leurs adversaires. Ils n'ont osé dire que ce *pouvoir* d'accomplir les commandemens de Dieu dont ils parlent, & qu'ils pretendent que Dieu donne à tous les hommes, ensorte que sans un tel pouvoir les commandemens leur seroient impossibles & Dieu ne pourroit pas leur en imputer le violement : ils n'ont, dis-je, osé écrire que ce pouvoir est le pouvoir de leur grace suffisante, grace tellement suffisante qu'elle exclut le besoin de tout autre secours ; & si generale, qu'elle est donnée même aux plus grands pecheurs. Ils ont apprehendé de soûlever contr'eux toute l'Ecole de S. Thomas : parce que leur grace non efficace qui suffit seule pour vouloir & pour faire le bien, ruine absolument la doctrine de S. Augustin & de S. Thomas, dont les disciples font profession de soûtenir que la grace efficace par elle même est necessaire pour accomplir tout commandement de Dieu & pour vaincre tou-

toute tentation d'une maniere utile au salut.

Tout le monde sçait que c'est là le dogme favori de la Societé, & que c'est toucher à la prunelle de leurs yeux que d'attaquer cette grace suffisante Molinienne, à laquelle ils transferent la notion de la grace efficace par elle-même, qui est de renfermer tout ce qui est necessaire pour agir : afin de supplanter celle ci en la dépouillant de ce qui luy est essentiel ; & de faire recevoir l'autre en sa place pour la vraie grace de JESUS-CHRIST *que tiennent tous les vrais Catholiques.*

Voilà, si je ne me trompe, le denouement de la piece. Si ces Peres avoient bien voulu parler plus clairement, ils nous auroient épargné la peine de le deviner. C'est pourtant quelque chose de ce qu'ils commencent à en avoir honte, quoique ce soit leur dernier retranchement, & l'unique source de toutes leurs accusations d'heresie.

XII. *Tres-faux qu'on ait combattu le peché Philosophique par la fausseté de leur grace suffisante ; quoique ce soient deux dogmes incompatibles.*

Mais s'il est vrai qu'ils emploient toûjours tres-injustement & tres-malignement ce faux principe, ils le font encore plus faussement & plus mal-à-propos que jamais dans cette occasion. Car ils paroissent pretendre que c'est en attaquant ce nouveau dogme de leur grace suffisante, que l'on a combattu le peché philosophique : & c'est justement tout le contraire de ce qu'on avoit à faire, & de ce que l'on a fait effectivement pour le refuter. Il est vrai que le Denonciateur a parlé de leur grace suffisante Molinienne, il a fait voir en passant d'où elle est née, l'usage qu'ils en ont fait dés le commencement, leurs variations sur ce sujet & les differentes avantures qu'elle a courues. Mais il a fait voir ensuite que ç'a esté le desespoir de pouvoir toujours emploier ce dogme pour justifier la justice de Dieu & dérober les pecheurs à sa colere, qui les avoit forcez à chercher d'autres d'autres moiens : & que l'experience, plus peut-estre que l'Ecriture & la Tradition, les aiant obligez à reconnoitre une privation de graces suffisantes dans une infinité de pecheurs, c'est de cette privation même qu'est née chez eux l'heresie du peché Philosophique, qui selon leur These *quelque enorme qu'il soit n'est point une offense de Dieu, ni un peché mortel qui rompe l'amitié de l'homme avec Dieu, ni qui fasse meriter la peine eternelle dans celui qui ou est privé de la connoissance de Dieu, ou ne pense point actuellement à Dieu.*

Car c'est là proprement ce que c'est que la privation des graces suffisantes : puisque selon qu'on l'a deja remarqué à ce sujet, comme ils font consister la grace actuelle, ou dans la lumiere qui eclaire l'esprit, ou dans un bon mouvement qui touche & remue la volonté, ou dans une pensée actuelle qui applique en tems & lieu à considerer la bonté ou la malice de l'action qu'on veut faire, un pecheur est privé de toutes graces suffisantes, quand Dieu l'abandonne à ses tenebres, qu'il ne touche point son cœur, qu'il laisse son esprit dans une entiere inapplication à ses devoirs, sans lui faire rien envisager de la bonté ou de la malice de ce qu'il medite de faire. C'est ainsi que Dieu par une conduite adorable de sa sagesse permet que ceux qui abandonnent la verité pour flatter la cupidité des hommes, avancent des erreurs toutes opposées, & qui se combattent & se detruisent l'une l'autre; de même que les cupiditez, d'où elles naissent, se font une cruelle guerre dans le cœur des pecheurs & le dechirent par des desirs contraires & incompatibles. Car le dogme de la grace universelle absolument suffisante detruit celui du peché Philosophique; & celui du peché Philosophique est incompatible avec celui de cette grace universelle absolument suffisante.

L'Ecrivain des Jesuites a donc bien mal rencontré. On ne s'en estonne pas ; ce n'est pas son mestier de travailler sur la Theologie, mais il est surprenant que les Theologiens qui ont approuvé sa Lettre, & les plus considerables des Jesuites de Paris, qui sans doute l'auront vue & examinée avec soin, n'aient pas remarqué cet egarement. Car la cause estoit assez considerable & assez importante à l'honneur de la Societé pour meriter qu'on y prît un peu garde de prés, & que l'on eut l'œil sur les Ecritures de l'Avocat. C'est une bévue cependant qui renverse tout le fondement de leur accusation. Car ils n'ont cru avoir droit d'avancer que l'on a combattu l'heresie du peché Philosophique d'une maniere peu orthodoxe & en soutenant qu'il y a des hommes qui n'ont pas le pouvoir d'accomplir les commandemens de Dieu, que parce qu'ils attachent ce pouvoir à une grace universelle absolument suffisante pour les accomplir ; & qu'ils ont supposé qu'on avoit attaqué leur nouvelle heresie en combattant ce faux dogme. Or il est si faux qu'on l'ait fait, qu'il est méme evident qu'on ne l'a pu faire, (sinon par cette maniere d'argumenter que l'on appelle *ad hominem*) car le peché Philosophique de Dijon suppose que celui qui le fait n'a rien qui le porte à Dieu ni qui le fasse penser à lui.

XIII. *Deux sortes de graces suffisantes, on en reçoit une, on rejette l'autre, qui est celle des Jesuites.*

Cependant pour leur faire voir que ce qu'on vient de dire n'est pas pour eviter de s'expliquer sur ce point, on veut bien leur dire encore une fois ce que l'on croit de la grace suffisante : & il est bon même de le faire pour les empecher de tromper le monde par leurs equivoques sur cet article, aussi bien que sur tous les autres. Car nous avons à faire à des gens qui n'en sont pas chiches, & il faut estre bien sur ses gardes pour n'y estre pas pris.

Il y a donc une espece de graces suffisantes que

que nous ne croions pas pouvoir admettre ; & il y en a une autre espece que nous recevons de tout nostre cœur.

Celle que nous ne recevons point, c'est celle qu'enseignent les Jesuites, & qui est rejettée par toute l'Ecole de S. Thomas : c'est une grace absolument suffisante, qui comprend tout ce qui est necessaire pour agir, & qui est donnée, si on les en croit, à tous les hommes. Et afin qu'on ne croie pas que nous leur imposions, c'est cette grace suffisante que leur Pere Jean Martinez de Ripalda a enseignée & imprimée de leur aveu & avec leur approbation, comme la doctrine de la Compagnie. Et il faut supposer que ce Pere n'est pas un Jesuite du commun, ni un homme a estre desavoué. C'est un homme, disent-ils eux-mêmes dans le dernier Catalogue de leurs Ecrivains, *qui a enseigné la Theologie à Salamanque avec une si grande reputation que la Societé en a eu peu jusqu'à present dont on ait plus estimé les leçons & les explications de vive voix. Car il avoit dans la dispute une subtilité merveilleuse, une solidité fort grande à soutenir une opinion dans l'Ecole, une clarté & une penetration extraordinaire dans ses Ecrits. Il estudioit continuellement les saints Peres, & sur tout S. Augustin & S. Thomas ; & aiant par dessus tout cela une tres heureuse memoire, on le trouvoit toujours prest sur toutes les matieres qu'on lui proposoit. Il excelloit aussi dans la Theologie Morale, & il repondoit sur le champ aux cas de conscience, que la reputation de sa science lui attiroit de toutes parts, d'une maniere tres-solide & fort docte. Il fut appellé à Madrid pour y enseigner la Theologie morale fondée par le Roy Catholique dans le College Imperial, & il y fut un des Censeurs du Souverain Tribunal de l'Inquisition : enfin c'estoit un Religieux d'une grande pieté* : & pour achever son eloge, *c'estoit le Confesseur du Comte Duc d'Olivarez.*

*Eloge du P. Jean Martinez de Ripalda.*

XIV.
*Le P. Ripalda reconnoît l'erreur des Demipelagiens pour la doctrine de sa Societé.*

Cet homme extraordinaire dans un Ouvrage sur les matieres de la grace imprimé à Cologne en 1648. contre Baïus & ceux qu'il appelle Baïanistes *Disp.* 23. *n.*84. defendant l'opinion de sa Compagnie, comme si elle n'estoit autre chose que la doctrine catholique, n'a pas cru la pouvoir mieux representer ni en donner une idée plus naturelle, qu'en emploiant les mêmes paroles dont s'est servi S. Prosper pour faire le portrait de l'erreur des Demipelagiens: tant il est vrai que c'est la même chose. Car aprés avoir attribué à S. Augustin cette opinion de la grace suffisante commune à tous, il parle ainsi: "Le „ sentiment de S. Augustin & la verité de NÔTRE „ DOCTRINE se tire encore bien evidemment „ des Ecrits de ses Disciples, &c. D'où il demeu„ re pour indubitable que le dessein constant & „ uniforme de S. Prosper a esté d'etablir & de „ defendre cette grace PUREMENT SUFFISAN„ TE, par laquelle Dieu nous secoure & qui est „ COMMUNE A TOUS, & même à ceux qui n'y coö„ perent pas. Ce que ce saint Pere décrit encore „ d'une maniere fort belle dans son Poëme Des „ Ingrats chapitre 10. où il explique ainsi la „ grace que l'Eglise Catholique fait profession „ d'enseigner: *Qu'elle appelle & qu'elle invite „ generalement tous les hommes, & que sans en ex„ clure aucun elle veut donner à tous le salut com„ mun à tous, & remettre les pechez de tout le mon„ de: mais que chacun par sa propre volonté obeit à „ la voix qui l'appelle, & que l'esprit humain „ se meut & se porte, comme il luy plaist, vers cette „ lumiere qui luy est offerte, & qui ne se derobe à „ personne.*

Rursus mens Augustini & veritas nostræ doctrinæ colligitur manifestè ex scriptis Discipulorum ejus, &c. Ex quibus indubitatum, constantem fuisse Prosperi mentem in asserenda gratia auxiliante Dei purè sufficienti, quippe omnibus etiam non coöperantibus communi. Quod rursus pulchrè cecinit lib. De Ingratis c. 10. disserens de gratia quam Ecclesia Catholica profitetur: *Ut cunctos vocet illa quidem invitetque, nec ullum præteriens studeat communem afferre salutem Omnibus, & totum peccato absolvere mundum. Sed proprio quemque arbitrio parere vocanti, Judicioque suo mota se extendere mente*

*mente Ad lucem oblatam, quæ se non subtrahat nulli.....*
Audis gratiam Dei cunctos vocare, nullum præterire, nulli subtrahi, & in omnium arbitrio ejus obedientiam constitui, ideoque inobedientiam peccato deputari. *Ripald. advers. Baium & Baian. Disput. 23. n. 84.*

Après avoir rapporté ce passage il ajoûte, plein de joie d'avoir trouvé l'opinion de sa Compagnie dans ce grand Disciple de S. Augustin: *Entendez vous, comme la grace de Dieu appelle tous les hommes; qu'elle n'en laisse aucun; qu'elle ne se soustrait à personne; que Dieu se repose sur le libre arbitre de chacun des hommes, de l'obeissance qu'il doit à sa grace: & que c'est pour cette raison que la desobeissance est imputée à peché.* Oui, oui, Mon Pere, on l'entend fort bien que vous reconnoissez les Demipelagiens pour vos predecesseurs; que vous adoptez les erreurs que l'Eglise a condamnées dans leurs Ecrits; & que vous faites de ces opinions reprouvées le dogme capital de votre Societé.

Je ne croy pas que les Jesuites prennent le parti de nier que S. Prosper ait voulu décrire dans les vers que Ripalda rapporte de luy, l'erreur des Demipelagiens: car cela est trop clair & par ces paroles qui precedent immediatement: *Formam hanc adscribitis illi*; & par ces autres du chapitre suivant: *Ayant fait voir en ce peu de mots les maximes principales de votre doctrine, c'est maintenant à vous de nous dire comment vous prouverez que la grace de Jesus-Christ soit donnée generalement à tous les hommes, sans qu'il y en ait un seul de tous ceux qui naissent dans le monde à qui elle ne veuille donner la vie eternelle & le royaume du ciel.*

Jam quia summatim, ut potui, sententia vestra decursa est: dic, undè probes quod gratia Christi nullum omninò hominem de cunctis qui generantur prætereat, cui non regnum vitamque beatam impertire velit? *Prosp. de ingr. c. 11.*

Ils attribueront à quoi il leur plaira cet aveu

du Demipelagianisme de la Societé fait par le P. Ripalda. Ils ne peuvent pas dire que ce soit un coup d'étourdi, ni un defaut d'esprit, de memoire, d'habilité, apres ce qu'ils ont dit de lui dans son eloge. Ce ne peut donc estre qu'une conduite particuliere de la providence, qui regle tout selon sa sagesse, & qui a voulu qu'en même tems que ce Theologien s'efforcoit d'attribuer à S. Prosper, à S. Augustin, à toute l'Ecole de ce S. Docteur, à toute l'Eglise Catholique, les nouveautez de la Societé, il ait fourni lui-même une preuve du Demipelagianisme & de sa propre doctrine & de celle de sa Compagnie. Car il n'a pu croire que ces paroles qui nous font une peinture veritable des sentimens des Demipelagiens, favorisoient ceux de la Societé, que parce que les sentimens de la Societé sont les mêmes que ceux de ces restes de Pelagiens. Voilà donc la grace suffisante que nous rejettons.

XV. *Grace suffisante au sens des Thomistes même par les accusez.*

LA GRACE suffisante que nous recevons, c'est celle que combattent les Jesuites & que reçoivent les Ecoles de S. Thomas. C'est la grace qui commence ordinairement la conversion du pecheur en donnant de bons desirs & de bons mouvemens : ou, pour emploier les paroles mêmes du premier des cinq Articles, *c'est cette grace petite & moins parfaite par laquelle les justes mémes qui tombent, ont pu observer les commandemens de Dieu ; cette grace actuelle*, disent-ils encore, *que l'on peut appeller suffisante, qui separée de l'efficace ne comprend pas tout ce qui est necessaire pour agir ; cette grace interieure inefficace*, comme il est marqué dans l'Article second, *qui excite la volonté à des actions qu'elle n'accomplit pas. Grace*, ajoutent-ils plus bas, *que les mémes Thomistes appellent excitante, ou suffisante, ou inefficace, qui sont des mots qui ne signifient tous que la même chose : Grace à laquelle*

*quelle la volonté resiste proprement, en la privant de l'effet auquel elle excite la volonté, & pour lequel elle donne un pouvoir qui est suffisant au sens des Thomistes : de sorte que la volonté y peut consentir, quoi qu'elle n'y consente jamais lors qu'elle n'a pas la grace efficace, non par le défaut de la puissance qu'on appelle antecedente, mais par ce qu'elle se determine librement à un autre objet.* Enfin c'est celle dont l'on dit encore positivement dans le cinquieme Article, *Qu'il est faux & heretique que* JESUS-CHRIST *ne soit mort que pour les predestinez, puis qu'il a merité à plusieurs reprouvez, & à plus forte raison, à ceux d'entr'eux qui ont esté justifiez, des graces suffisantes, (en prenant ce mot au sens des Thomistes) qui les auroient pu conduire au salut ; quoi qu'il soit vrai que nul n'en use bien & ne persevere dans la justice qu'il a reçue, s'il n'est aidé par des graces plus grandes & plus fortes, qui sont les efficaces.*

Je ne say où il faudroit chercher des paroles pour en trouver qui marquassent plus clairement que l'on reçoit les graces suffisantes des Thomistes, & que l'on ne rejette que celle des Jesuites. Tous ceux qui veulent de bonne foi s'éclaircir de la verité n'en pourront plus douter : & l'on pourroit esperer que les Jesuites se rendroient à des preuves si convaincantes, si on ne leur avoit pas dit cent & cent fois la même chose, sans qu'ils aient voulu l'entendre, & sans qu'ils aient cessé pour cela de crier à l'heretique. Le P. Dechamps avoit vu dans le second volume de la Tradition, & ailleurs encore vingt cinq ans auparavant les cinq Articles, d'où nous avons tiré les paroles que l'on vient de rapporter ; & on a vu neanmoins avec quel aveuglement il persiste dans sa fausse Tradition à calomnier les Disciples de S. Augustin comme coupables des erreurs contraires, quoi qu'ils les detedétestent en toutes les manieres que l'Eglise le demande d'eux. Et c'est encore sous ses yeux, de son aveu, sous sa conduite & sa direction, & peut-estre par son ordre que son Religieux & son Disciple vient d'ecrire avec l'approbation de son Provincial, à la face de toute l'Eglise, que ces Theologiens *traitent d'erreur ce que tiennent tous les vrais Catholiques: Que Dieu ne fait jamais de commandemens aux hommes sans leur donner le pouvoir de les accomplir*, &c. voulant insinuer d'un meme trait de plume par ces termes equivoques qui ont un sens catholique, deux faussetez; l'une que les Disciples de saint Augustin ne reconnoissent point de graces excitantes ou suffisantes au sens des Thomistes, telles que le Concile de Trente en a etablies; l'autre, que ce Concile a defini comme un article de foy leur grace suffisante, & que de la combattre, c'est imiter *Calvin & retablir une doctrine condamnée & proscrite par tous les tribunaux de la terre, & pernicieuse à la Religion & aux bonnes mœure.*

XVI. *On ne peut condamner ce que les accusez tiennent sur la grace suffisante, sans condamner en même tems Bellarmin.*

Cependant quelque credit qu'ils aient dans le monde, on les défie de faire condamner la doctrine que l'on vient de marquer que l'on soutient touchant les graces suffisantes des Thomistes, comme si elle ne suffiroit point pour estre estimé bon Catholique sur ce sujet. Et ils n'oseroient entreprendre de faire declarer heretiques ceux qui ne veulent pas recevoir leur nouvel Article de foy: "Que Dieu est obligé „en l'etat present de la nature corrompue de „donner à tous les hommes des graces suffi„santes; Que les pecheurs n'en manquent ja„mais, & que s'ils n'en avoient point, ils n'au„roient pas un pouvoir d'accomplir les com„mandemens de Dieu suffisant pour les rendre „coupables devant luy du violement de sa loy. „Car il faudroit auparavant qu'ils fissent condamdamner un des plus grands ornemens de leur Compagnie le Cardinal Bellarmin.

Il faudroit que l'on condamnât ces paroles de ce Cardinal : *Il n'y auroit aucune injustice en Dieu quand il refuseroit des graces suffisantes pour le salut, & qu'il les refuseroit non seulement à quelques-uns, mais même à tous les hommes. Et c'est une doctrine tres-certaine parmi ceux qui connoissent ce que les Ecritures enseignent touchant le peché originel.*

Nulla esset in Deo iniquitas, si, non aliquibus, sed etiam omnibus hominibus auxilium sufficiens ad salutem negaret. Hæc propositio certissima est apud eos qui ex divinis literis peccatum originale noverunt. *Bellarm. de Grat. & lib. arbitr. l. 2. c. 4.*

Il faudroit aussi condamner ces autres paroles du même Cardinal, ou ce qu'il vient de dire que Dieu pourroit faire sans injustice, il reconnoit qu'il le fait au moins quelquefois : *Personne*, dit-il, *ne se peut convertir sans une grace prévenante. Or nous n'avons pas toujours cette grace prevenante, comme la seule experience le fait connoitre. Car nous ne nous sentons pas toujours eclairez de la lumiere de Dieu, ni toujours excitez à nous convertir par de bons desirs qui nous soient donnez de Dieu. Il est donc vrai que nous n'avons pas toujours une grace suffisante pour nous convertir.*

Non potest ullus converti sine gratia præveniente. Gratia verò ista præveniens non semper adest, vel experientia ipsa testatur. Non enim sentimus assiduè nos illuminari Deo, aut immitti bona desideria quibus excitemur ad conversionem. Non igitur semper habemus auxilium sufficiens ad conversionem. *Ibid. c. 6.*

Il faudroit enfin condamner ce Cardinal quand il enseigne, que le pouvoir de se convertir, & par consequent ce pouvoir d'accomplir la loy de Dieu qui suffit pour estre coupable devant lui & digne de sa colere, quand on ne le fait pas, que ce pouvoir, disje, n'est point attaché à la grace prevenante, excitante ou suffisanfisante. Car s'estant fait cette objection, *Que si cette excitation prevenante est toujours necessaire, la conversion de l'homme ne sera pas en son pouvoir, puisqu'il n'a pas en son pouvoir cette excitation* : Il repond, *Que la conversion est toujours au pouvoir du libre arbitre, par ce qu'il peut toujours se convertir quand il le voudra : car selon la definition de S. Augustin au l. de l'Esprit & de la Lettre ch. 31. & au l. 5. de la Cité de Dieu ch. 10. on dit qu'une chose est en nostre pouvoir lors que nous l'avons dès que nous le voulons, & que nous ne l'avons pas quand nous ne le voulons pas. Et c'est dans ce sens que S. Augustin enseigne au même endroit que la Foy est au pouvoir du libre arbitre, parceque l'homme croit s'il veut, & que s'il veut il ne croit pas Cependant de vouloir croire ou se convertir, c'est ce que l'homme ne peut avoir, s'il n'en reçoit le pouvoir par la grace prevenante.*

Dices conversionem hominis non fore in ipsius potestate, si semper requiratur excitatio præveniens ; cum excitatio illa non sit in hominis potestate. Resp. conversionem semper esse in potestate liberi arbitrii, quoniam potest semper converti, quando voluerit. Id enim dicitur esse in potestate, ut Augustinus definit l. de Spir. & lit. c. 31. & l. 5. de civ. Dei c. 10. quod adest quando volumus, & quando nolumus non adest. Quo sensu admittit Augustinus ibid. fidem esse in potestate liberi arbitrii ; quia credit homo si vult, & si vult non credit. Cæterum, ipsum velle credere aut converti non potest homo habere, nisi per gratiam prævenientem acceperit ut possit. *Ibidem cap. 15.*

En voila plus qu'il n'en faut pour ruiner absolument la Recrimination calomnieuse des Jesuites : & il semble que les Disciples de S. Augustin n'ont plus rien à craindre de ce costé-là, si on veut faire de leur nouvelle Declaration l'un des trois usages que je viens de marquer. Car si les cinq Articles qu'elle contient sont orthodoxes, comme on a tout sujet de croire qu'ils le sont, tout le monde doit estre convaincu que l'on peut estre fort bon Catholique sans recevoir le dogme de la grace suffisante universelle des Jesuites, qui est expressement rejettée

dans

dans l'Article cinquiéme sans que ni à Rome ni ailleurs on y ait trouvé à redire *; & que sans ce secours, qu'ils ont apporté un peu trop tard à l'Eglise, les commandemens de Dieu sont toujours tres-possibles à tout le monde; nuls crimes impossibles à eviter aux plus grands pecheurs, & Dieu toujours tres-equitable quand il exerce sa justice contre les violateurs de sa Loy.

* on ne nie que J. C. soit mort generalement pour tous les hommes qu'au sens de ceux qui disent que Dieu donne à tous les hommes des graces tellement suffisantes qu'ils n'aient pas besoin de graces efficaces, pour vouloir ou faire le bien.

***********

*********

*******

****

# NOUVELLE DECLARATION DES DISCIPLES DE S. AUGUSTIN,

CONTENANT

L'EXPOSITION SINCERE

DE LEUR DOCTRINE

Sur la matiere des V. Propositions, En cinq Articles presentez autrefois

AU PAPE ALEXANDRE VII.

*Et soumis de nouveau au jugement de N. S. P. le Pape*

ALEXANDRE VIII.

*Avec un Narré exact & fidele*

DES RAISONS ET DE L'OCCASION QUI Y ONT DONNE' LIEU.

M. DC. XC.

# EXTRAIT
## D'UN LIVRE INTITULÉ
*Aphorismi Theologiæ practicæ.*

A la page 211.

### COROLLARIUM.

R*Ogatum est*, *quid videretur de libello jam prodeunte, cui titulus:* DOCTRINÆ AUGUSTINIANORUM THEOLOGORUM, &c. *ubi inter alia*, GRATIA THOMISTICE SUFFICIENS *recipitur*, *& per eam difficultates præcipuæ circa Gratiam*, *satis conformiter nostris supra deductis*, *enodantur. Dicam quod sentio.*

*Optandum ut* AUGUSTINIANI *illi* THEOLOGI *omnes nomen suum ederent*; *aut si hoc fieri nequit*, *unus saltem ex illis qui sponderet pro cæteris.*

*Sic* 1. *qui se jungere vellent*, *scirent quibus se jungerent.* 2. *Sic spes esset*, *fore ut in posterum nemo eorum*, *etiam mutato rerum & temporum statu*, *eadem quæ hic admittunt*, *pro* QUISQUILIIS *naso suspenderet.* 3. *Sic posthac puderet neminem eorum qui illis adhærent*, *passim illam* GRATIAM *profiteri*, *eâque in occasionibus uti.* 4. *Denique sic illi qui adversaturi sunt*, *non contemnerent hoc Scriptum*, *tanquam expositititium*, *& temerè fortunæ commissum.*

# REPONSE AU COROLLAIRE.

IL m'eſt tombé depuis peu dans les mains un cahier volant d'un livre Latin qui s'imprime ſous ce titre : *Aphoriſmi Theologiæ practicæ*, & que l'on croit eſtre d'un habile Theologien. J'y ai trouvé un *Corollaire*, ou cet Auteur, en ſatisfaiſant à la priere qu'on lui avoit faite de dire ſon ſentiment touchant la Declaration Latine dont on donne maintenant la verſion, paroiſt n'y avoir trouvé qu'une choſe à dire. Il auroit ſouhaité que les Diſciples de S. Auguſtin, au nom de qui on publie cet Ecrit, l'euſſent tous ſouſcrit de leur nom, ou que ſi cela ne ſe pouvoit faire, un ſeul l'eût ſigné pour tous les autres :

Ce Theologien a prévu lui-même la difficulté qu'il y avoit de faire ſigner l'Ecrit à tous les Diſciples de S. Auguſtin qui pouvoient y prendre part : & pour la ſignature d'un ſeul d'entr'eux au nom de tous, c'eſt encore un projet de difficile execution, principalement dans la ſituation où ſe trouvent les affaires publiques de l'Europe. De plus on ne voit pas trop à quoi auroit pu ſervir la ſoubſcription d'un homme peut-eſtre inconnu à la pluſpart de ceux qui liroient cet Ecrit. Enfin les quatre raiſons que cet Auteur apporte pour appuier ſon avis touchant cette formalité ne paroiſſent pas convaincantes.

I. Pour prendre part à un Ecrit public, ou s'unir au ſentiment de quelques Theologiens, il n'eſt pas neceſſaire de connoitre celui qui le pu-

publie, principalement s'il n'en est pas le premier Auteur, & qu'il ne fasse lui-même que s'unir à d'autres qui l'ont precedé. Il est même souvent meilleur de ne le pas connoitre pour en juger avec plus de dégagement de toute prévention. On ne voit tous les jours que trop d'erreurs personnelles : & des veritez tres-Catholiques dans la bouche ou dans les Ecrits de la pluspart des Theologiens, deviennent quelquesfois, par je ne say quelle fatalité, des heresies pernicieuses dans les Ouvrages de certaines personnes.

II. Il n'y a pas sujet de craindre que ce que l'on reçoit aujourd'hui dans cet Ecrit, on s'avise un jour de le rejetter : parce que l'on n'y reçoit rien que ce que l'on a toujours reçu & enseigné dès le commencement des contestations. Et puis le nom d'un Theologien est un pauvre preservatif contre l'instabilité des sentimens, & c'est un garant auquel il ne seroit pas trop sûr de se fier, si on n'avoit point d'autre assurance.

III. A l'égard de la grace suffisante au sens des Thomistes, jamais on n'a eu aucune peine à l'admettre, jamais honte à l'enseigner publiquement. Le Concile de Trente l'a admise sous le nom de grace excitante ; il n'en faut pas davantage pour ceux qui ont un respect & une soumission tres-sincere pour ce Concile, comme l'ont toujours eue les Disciples de S. Augustin. Mais il y a bien de la difference entre la doctrine de cette sorte de graces, que le Concile enseigne, & le nom de *suffisante* dont il n'a jamais parlé. Il y a obligation de recevoir la doctrine ; il n'y a aucune loi qui oblige de se servir de ce nom. On le fait neanmoins, mais simplement pour s'accommoder aux autres, & pour ne se pas arrester à une dispute de nom : n'y aiant aucun inconvenient de s'en servir, quand on convient du sens qu'il doit avoir, & qu'on a la liberté de s'expliquer en s'en servant.

Ce n'est donc pas un si grand crime de trouver un peu etrange que l'on se soit avisé de donner à cette grace le nom de *suffisante*, que le Concile n'avoit pas cru lui devoir donner. L'Eminentissime Cardinal De Laurea n'en a pas fait de scrupule dans un Ouvrage imprimé à Rome depuis deux ou trois ans sous les yeux du Pape. Il ne peut assez s'estonner de ce que les Theologiens modernes ont nommé grace suffisante une grace qui ne suffit pas pour agir : *nescio quare.* Il en cherche la raison & ne la peut trouver : *Unde verò sortiatur nomen sufficientis, cùm revera se solâ & sine alia, nempe adjuvante, ad faciendum de facto opus non sufficiat, &c. Hoc opus, hic labor est.* C'est, dit-il, un nom nouveau, né vers le commencement du dernier siecle, & que l'on emploie ici contre sa signification propre & grammaticale. C'est ce que Cumel Theologien de Salamanque & General de l'Ordre de la Merci avoit dit il y a long-tems; qu'on l'appelle suffisante, *non grammaticaliter, sed Theologicè* : c'est à dire qu'il a plu à quelques Theologiens de la distinguer par ce nom. On peut voir le 3. *vol. de la Tradition de l'Eglise sur la Grace 2. partie ch. 6. art. 3. p. 426.*

IV. Enfin il n'y a pas sujet de craindre que des personnes raisonnables regardent cet Ecrit comme une piece non avouée, exposée au hazard & abandonnée à sa bonne fortune. Car puisque les cinq Articles en font le corps & le Capital, & que l'on sait par tout, que c'est l'ouvrage des Disciples de S. Augustin ; Que deux Theologiens d'entr'eux les souscrivirent il y a 26. ou 27. ans au nom des autres ; Que ces Articles furent examinez & avouez de ces Theologiens dans une celebre Conference en presence de leurs adversaires, & envoiez dès lors au S. Siege Apostolique à leur priere & en leur nom par un un Illustre Prelat ; Enfin puisque que de savans Evesques, qui les ont trouvez fort Catholiques; de Doctes Theologiens de Louvain qui les ont soutenus dans leurs Theses publiques ; des plus celebres Docteurs de l'Ecole de S. Thomas, qui les ont louez & inserez dans leurs Ouvrages, ne les ont reçus que comme venant des Disciples de S. Augustin & comme reçus de leur part par le S. Siege : Il n'y a pas, dis-je, sujet d'apprehender dans toutes ces circonstances que l'on considere cette Declaration comme un Ecrit que l'on mette à l'epreuve pour l'avouer ou le rejetter selon le jugement qu'en portera le public. On a peine à croire qu'il se trouve aucun Disciple de S. Augustin qui ne souscrive à la doctrine de ces articles ; & on n'aura aucun sujet de croire qu'elle n'est pas avouée de tous jusqu'à ce qu'il s'en soit trouvé quelqu'un qui l'ait rejettée publiquement. Alors ce seroit au public de juger s'il auroit raison de le faire, & si par celles qu'il apporteroit pour ne la pas recevoir, il ne feroit point voir qu'il ne devroit point estre reconnu pour un vrai Disciple de ce saint Docteur, ni pour un ami de la Paix & de la Verité.

Cependant on est bien obligé à cet habile Theologien d'avoir bien voulu faire part de ses vues & de ses pensées ; & on est tres-disposé à y avoir egard quand on le pourra en de semblables occasions.

Au

# *Au nom de Dieu notre Sauveur, & à la gloire de sa Grace. Ainsi soit-il.*

LES DISCIPLES de S. Augustin, que l'on affecte depuis si long-tems de décrier sous le nom odieux de Jansenistes, desirant faire, autant qu'il est en eux, cesser tous les faux bruits que l'on publie contre leur innocence & fermer la bouche à la calomnie, declarent hautement, & protestent par cet acte public à la face du S. Siege Apostolique & devant N. S. P. le Pape Alexandre VIII. Suprême Vicaire de JESUS-CHRIST en terre; devant tous les Evesques de l'Eglise Catholique; devant tous les Princes & les Magistrats Chrêtiens; devant tous les Theologiens de toutes les Eglises, de tous les Ordres Religieux, & de toutes les Universitez; & enfin à la face de l'Eglise Universelle: QU'ILS ont toujours condamné & qu'ils condamneront toujours tres-sincerement toutes les erreurs que nos SS. PP. les Papes Inno-

Innocent X. & Alexandre VII. ont condamnées dans les cinq fameuſes Propoſitions, en quelque Livre & par quelque Auteur que ces erreurs ſe trouvent enſeignées & defendues ; Qu'ils tiennent pour conſtantes, & ont toujours tenues pour telles, toutes les veritez de la foy que ces Papes ont autoriſées & confirmées par ces mêmes Conſtitutions ; Enfin Que tous leurs ſentimens ſur la matiere de ces cinq Propoſitions ſe reduiſent uniquement à la doctrine de S. Auguſtin & de S. Thomas touchant la Predeſtination des Saints gratuite & abſolue, & touchant le ſecours de la Grace efficace par elle-même neceſſaire pour tous les devoirs & toutes les actions de la pieté Chretienne ; en la maniere que ces deux points ont eſté jugez dans la Congregation *De Auxiliis* tenue à Rome ſous les Papes d'heureuſe memoire Clement VIII. & Paul V. & comme ils ſont expoſez dans l'Explication qui ſuit, reçue & approuvée par le S. Siege Apoſtolique il y a plus de vingt cinq ans. Outre cette conſideration, qui les a portez à s'approprier cette Explication, ils y ont encore eſté pouſſez par ces deux raiſons : l'une, qu'elle exprime d'une maniere fort claire & ſans equivoque leurs vrais ſentimens; l'autre, qu'en qu'en s'y attachant & en suivant ses principes on refute plus aisément & plus efficacement cette calomnie ridicule, dont les Calvinistes ont taché dès le commencement & tachent encore aujourd'hui de noircir la sainte Eglise Romaine, osant dire que les deux Constitutions des Papes Innocent X. & Alexandre VII. favorisent le Pelagianisme, & que la doctrine de S. Augustin & de S. Thomas, & celle même de l'Apôtre S. Paul, s'y trouve condamnée.

# CINQ ARTICLES

## *Sur la matiere des cinq propositions.*

### I.

LA grace efficace, qui sans necessiter la volonté la determine infaillliblement par la vertu de la motion divine, estant necessaire pour toutes les actions de la pieté chrestienne, selon la doctrine de S. Augustin soutenuë par l'Ecole de S. Thomas, il n'arrive jamais ny que nous priions comme il faut, que lors que l'Esprit de Dieu nous fait prier en nous inspirant le mouvement de gemir & de prier, ny que nous marchions dans la voye des commandemens de Dieu, que lors qu'il nous y fait marcher en conduisant nos pas, ny que nous surmontions les tentations de nostre ennemi, que lors que Dieu nous en donne la victoire. Et cependant puis-

puisque les justes succombent quelquefois aux tentations, & se laissent aller à divers pechez, lors mesmes qu'ils veulent & qu'ils s'efforcent foiblement & imparfaitement de les éviter ; il est manifeste que ces justes qui dans l'estat de cette volonté foible & imparfaite violent les commandemens, quoique par leur faute, n'ont pas eu cette grace efficace & victorieuse, avec laquelle on n'est jamais surmonté.

On peut donc dire de ces justes, qui n'ont pas eu cette grande grace, quoy qu'ils en ayent eu une petite & moins parfaite, qu'ils ont pû en un sens observer les commandemens de Dieu, & resister à la tentation, & qu'en un autre sens ils ne l'ont pas pû. Car ils l'ont pû, parce qu'ils ont eu non seulement le libre arbitre & la grace habituelle, mais aussi une grace actuelle qu'on peut appeller suffisante au sens que les Thomistes prennent ce mot, qui suppose la necessité de la grace efficace par elle-même.

Mais parce qu'il n'arrive jamais que celuy qui n'a pas la grace efficace surmonte la tentation comme il faut, & que c'est une maxime constante parmy les disciples de S. Thomas : que la grace suffisante estant separée de l'efficace ne comprend pas tout ce qui est necessaire pour bien agir, on peut dire selon le langage de l'Ecriture & des Peres, reconnu & suivi par tous les Theologiens de l'Ecole de S. Thomas, que ces justes, avec ces sortes de graces suffisantes, n'ont pû resister à la tentation à laquelle ils ont succombé, parce que n'ayant pas eu la grace efficace qui leur estoit necessaire pour agir, il est clair qu'ils n'ont pas eu un pouvoir qui enfermât tout ce qui estoit necessaire pour agir.

C'est pourquoy lors que nous disons que nous ne pouvons faire le bien sans la grace ef-

ficace

ficace par elle-mesme nous voulons seulement dire, que celuy qui n'a pas cette grace efficace par elle-même, n'a pas tout ce qui est necessaire pour faire actuellement le bien.

Cette clause fut ajoûtée au bas de ce premier article du commun consentement des parties en presence de M. de Comenge pour une plus grande explication de ces mots : *Sans la grace efficace on ne peut.*

II.

Il y a deux sortes de graces interieures : l'une efficace, qui produit toujours l'effet auquel elle porte la volonté : l'autre inefficace, qui excite la volonté à des actions qu'elle n'accomplit pas.

L'une est celle que les Thomistes appellent simplement, proprement, & absolument efficace, à laquelle on peut toujours resister, comme ils l'enseignent, quoy qu'on n'y resiste jamais en la privant de cet effet auquel elle porte la volonté : ce qu'ils expriment encore en ces termes de l'Ecole, disant, qu'on y peut resister dans le sens divisé, & non pas dans le sens composé.

L'autre est celle que les mêmes Thomistes appellent excitante ou suffisante ou inefficace, qui sont des mots qui ne signifient tous que la même chose. Et la volonté resiste proprement à cette grace en la privant de l'effet auquel elle excite la volonté, & pour lequel elle donne un pouvoir qui est suffisant au sens des Thomistes expliqué cy-dessus. De sorte que la volonté y peut consentir, quoy qu'elle n'y consente jamais, lors qu'elle n'a pas la grace efficace, non par le defaut de la puissance qu'on appelle antecedente, mais parce qu'elle se determine librement à un autre objet.

Mais quoy que cette grace considerée en elle-même soit privée de l'effet, auquel elle tend, auquel elle porte la volonté, & auquel elle est destinée par la volonté antecedente de Dieu, & qu'ainsi il soit faux en ce sens, que toute grace de JESUS-CHRIST ait toujours l'effet que Dieu veut qu'elle ait, si neanmoins on la regarde

garde dans le rapport qu'elle a à la volonté absoluë de Dieu, on peut dire en ce sens qu'elle est efficace, parce qu'elle produit toujours dans le cœur de l'homme ce que Dieu veut y operer par sa volonté absolue, selon cette maxime constante de l'Ecole de S. Thomas, que la grace qui n'est que suffisante au regard d'un effet, est efficace au regard d'un autre effet à la production duquel elle est destinée par le decret absolu de la volonté divine. De sorte que selon ces Theologiens toute grace est efficace à l'egard de quelque effet; sçavoir de celuy auquel elle est immediatement destinée, & que Dieu veut qu'elle ait par sa volonté absoluë suivant ce qu'il dit luy-même dans Isaye: La parole qui sort de ma bouche ne retourne point à moy sans effet, mais elle fera tout ce que j'ay ordonné.

III.

Pour meriter ou démeriter dans l'estat de la nature corrompuë, il ne suffit pas d'estre exemt de contrainte, mais il faut aussi estre exemt de necessité. Car encore que la grace efficace par elle-mesme nous détermine infailliblement & invinciblement à agir, & qu'ainsi jamais la volonté ne la rejette actuellement, neanmoins elle n'impose point de necessité, parce qu'elle laisse à la volonté le pouvoir de ne pas consentir. De sorte que l'indifference que les Thomistes appellent active, est toujours dans l'homme corrompu par le peché, & on la peut même appeller prochaine, pourvu qu'on n'entende point par là une indifference par laquelle la volonté estant muë de la grace efficace, resiste quelquefois effectivement à cette grace, & y consent quelquefois; c'est à dire que la resistance actuelle ou le consentement actuel de la volonté se rencontre quelquefois avec cette grace, & quelquefois ne s'y rencontre pas.

IV.

I V.

Il est si peu vray que les Semipelagiens ayent esté heretiques pour avoir dit que nous pouvons consentir & resister à la grace, qu'au contraire, il est certain & indubitable qu'on peut resister à toute sorte de grace, & mesme à l'efficace : c'est à dire, que quelque grace qu'on reçoive, la volonté a toujours une puissance active & prochaine de luy resister, quoy qu'on ne resiste jamais à la grace efficace, comme il a esté dit cy-devant.

V.

La doctrine de la predestination gratuite est avec grande raison extrémement autorisée dans toutes les Ecoles Catholiques. Or cette doctrine par l'aveu de tous ceux qui la soutiennent, consiste en ce que considerant, non la volonté antecedente de Dieu, mais l'absoluë & l'efficace, il a destiné aux seuls éleus, par un decret absolu, le salut eternel, avec la suite de toutes les graces & de toutes les faveurs qui sauvent infailliblement tous ceux qui doivent estre sauvez, entre lesquelles la principale est le don de perseverance, qu'on ne peut nier estre propre aux predestinez. D'où il s'ensuit que Jesus-Christ, dont la volonté absoluë a toujours esté conforme à celle de son Pere, n'a point voulu simplement & absolument changer ce decret, & qu'ainsi il n'a voulu absolument & efficacement meriter par ses prieres & par sa mort le salut eternel & le don de perseverance qu'à ceux dont il est dit dans l'Evangile, que son pere les luy a donnez, & que personne ne les luy ravira d'entre les mains.

Tous les defenseurs de la predestination gratuite conviennent de cette doctrine, selon laquelle on ne nie que Jesus-Christ soit mort generalement pour tous les hommes, qu'au sens de ceux qui disent que Dieu donne à tous les hommes des graces tellement suffisantes, qu'ils n'ayent point besoin des graces efficaces pour vouloir ou faire le bien. Mais pourvu que l'on exclue cette opinion, on peut dire sans erreur & dans la verité, que JESUS-CHRIST est mort & a répandu son sang pour tous les hommes, tant parce qu'il a voulu le salut de tous, par une volonté antecedente, que parce qu'il a offert pour tous un prix suffisant. Mais il est faux & heretique que JESUS-CHRIST ne soit mort que pour le salut des predestinez, puisqu'il a merité à plusieurs reprouvez, & à plus forte raison à ceux d'entr'eux qui ont esté justifiez, des graces suffisantes, prenant ce mot au sens des Thomistes, qui les auroient pu conduire au salut; quoy qu'il soit vray que nul n'en use bien, & ne persevere dans la justice qu'il a receuë, s'il n'est aidé par des graces plus grandes & plus fortes qui sont les efficaces.

*Les Declarations suivantes sont au bas de ces Articles dans l'original signé, qui a esté mis entre les mains de M. de Comenge.*

Nous declarons sur ces Articles ce qui suit.

1. Qu'ils contiennent toute nostre doctrine sur la matiere des cinq Propositions.

2. Que nous soutenons qu'ils sont orthodoxes & exemts de tout soupçon d'erreur.

3. Que ny les Papes Innocent X. & Alexandre VII. ny les tres-Illustres Evesques de France, n'ont entendu aucun de ces articles par les mots de sens de Jansenius, & que ni les Constitutions des Papes, ni les decrets des Evesques contre Jansenius n'ont donné aucune atteinte à la doctrine de ces Articles.

Il est donc bien raisonnable, que ceux à qui nostre foy pourroit estre suspecte, declarent le sentiment qu'ils ont de ces articles. Car s'ils reconnoissent qu'ils ne contiennent aucune erreur, il faut aussi qu'ils confessent que ceux qui les

les soutiennent, n'ont aucune heresie sur le sujet des cinq Propositions.

Que s'ils croyent qu'il y ait quelque ambiguité, & qu'ils n'expriment pas assez clairement nos sentimens, qu'ils nous marquent les sujets de leurs doutes, & nous y répondrons nettement.

Enfin s'ils y trouvent quelque erreur ou quelque heresie, qu'ils nous marquent distinctement en quoy ils pretendent qu'elle consiste, & nous tâcherons de satisfaire à toutes leurs difcultez.

Cette question qui est la principale (puisqu'elle regarde la foy) estant éclaircie, il nous sera facile de nous justifier des autres soupçons qu'on pourroit encore avoir contre nous. A Paris ce 23. Janvier 1663.

NOEL DE LA LANE *Docteur en Theologie de la Faculté de Paris & Abbé de Val-Croissant.*

CLAUDE GIRARD *Licentié en Theologie de la même Faculté.*

*L'original de ces articles & Declarations signé par les Theologiens qui les avoient presentez, fut mis entre les mains de M. l'Evesque de Comenge & apres qu'on les eut lus, & qu'on eut satisfait à la difficulté qui fut formée sur ces mots;* SANS LA GRACE EFFICACE ON NE PEUT; *par le moyen de la clause qui fut mise au bas du premier article, on n'y trouva rien qui fut contraire aux Constitutions des Papes, ou qui ne fût pas conforme à la foy de l'Eglise.*

# NARRÉ EXACT ET FIDELE DE L'OCCASION ET DU DESSEIN DES CINQ ARTICLES ET

## *Des raisons qu'on a eues de les publier de nouveau.*

I. SI quelqu'un estoit surpris de nous voir produire de nouveau une piece imprimée depuis longtems, & qui est déja entre les mains d'un grand nombre de Theologiens, j'aurois peine à croire qu'il fust bien informé de ce qui se passe aujourd'hui en France & aux Pays-bas, & je me persuaderois aisément qu'il ignore, ce qui n'est que trop connu presque de tout le monde, que l'Eglise s'y trouve encore miserablement déchirée par les facheuses & deplorables dissentions sur la matiere de la grace, qui avoient paru assoupies il y a plusieurs années.

L'unique source de cette malheureuse division, est qu'il y a certaines gens qui sont persuadez, & d'autres qui font semblant de l'estre, qu'il s'est élevé une nouvelle heresie, d'autant plus pernicieuse, qu'elle est cachée dans le sein même de l'Eglise Catholique, & qu'ils font consister dans les erreurs condamnées par deux Papes dans les cinq Propositions, qu'ils supposent

sent estre soutenues par plusieurs Theologiens ; que ce poison se répand & se fortifie de jour en jour ; en un mot que les pretendus défenseurs de ces erreurs condamnées forment depuis longtems une secte plus contraire à la foy Catholique que celle de Calvin, & capable de perdre l'Eglise, si on ne s'applique à l'etouffer.

C'est une chimere qu'on a détruite il y a bien des années, par un grand nombre d'ouvrages & d'apologies imprimees, où ces Theologiens ont declaré cent & cent fois qu'ils n'avoient point d'autre doctrine que celle dont ils font maintenant profession dans cette protestation publique.

Il est vrai que les disciples de saint Augustin, malgré les artifices de leurs adversaires, ont eu la consolation de faire connoitre leur innocence au S. Siege Apostolique, & qu'aprés que leur foy lui eut esté longtems rendue suspecte par de fausses accusations, il en reconnut enfin la pureté, telle que l'avoient toujours reconnue les plus saints & les plus savants Evêques & Theologiens. La paix même fut en quelque façon rendue à l'Eglise ; mais cela ne put empecher leurs adversaires de brouiller à leur ordinaire, de repandre toûjours les mêmes accusations calomnieuses contre leur foy, & de s'efforcer, comme ils font encore aujourd'hui, de les faire passer par tout pour les ennemis declarez des deux Constitutions des Papes.

On en voit les effets dans beaucoup de livres, non seulement de quelques Ecrivains sans nom, mais même de plusieurs Theologiens considerables, qui se sont laissé surprendre aux Theses & aux écrits des Ecoles opposées. C'est toutesfois moins à leur negligence qu'il s'en faut prendre, qu'à l'éloignement des lieux, ou plutost au credit & au savoir-faire des Theologiens contraires. Car ceux-ci estant repandus par toute l'Eglise, sont neanmoins toujours liez les uns avec les autres par un commerce continuel de lettres & de livres, toujours infatigables à entretenir par tout le bruit de cette heresie imaginaire, toujours appliquez à seconder leurs confreres dans leurs desseins, toujours fort soigneux de mettre entre les mains de tout le monde par toutes voies leurs livres, sans jamais dire un mot des Reponses par lesquelles on les a ruinez sans ressource.

Qu'auroient pu faire à cela les disciples de S. Augustin, c'est-à-dire, des particuliers, attachez aux lieux de leur demeure & à leurs emplois, souvent peu accommodez, & mal pourvus des secours necessaires pour entretenir un commerce continuel par lettres avec les pays étrangers? Ils se sont trouvez reduits à defendre leur doctrine quand on l'a attaquée dans leur pays, & le plus souvent ou dans leurs Ecoles particulieres, ou en langue vulgaire, dont ils sont obligez de se servir pour repousser les calomnies par lesquelles on s'efforce de noircir leur foy & leur reputation, tantost auprés des Grands du monde, tantost dans l'esprit du simple peuple.

II. On auroit donc bien souhaité que deux Illustres Ecrivains entre les autres, tous deux fort distinguez dans l'Eglise par leur science & par leur dignité eûssent pu lire par eux-mêmes les écrits des disciples de S. Augustin, & non pas par des yeux étrangers, ou plutost par les yeux des adversaires mêmes de ces Theologiens, avant que de mettre au jour leurs ouvrages Theologiques imprimez depuis peu d'années, où ils taxent les disciples de S. Augustin de tenir la doctrine d'une grace necessitante comme Calvin, ou d'enseigner les autres erreurs condamnées dans ces cinq Propositions; ou au moins de n'admettre point d'autres graces que

que les graces absolument efficaces, & de rejetter entierement ces sortes de graces qu'on appelle excitantes, inefficaces, ou suffisantes au sens des Thomistes.

Si des personnes si sages, qui paroissent n'estre prevenus en faveur d'aucun parti, & estre attachez à la doctrine de S. Augustin, ont pu neanmoins se laisser aller à ces sentimens, que ne doit-on point craindre de beaucoup d'autres, qui n'aiant point d'autres principes que ceux des adversaires & ne respirant que par eux, croiroient faire un crime de s'écarter le moins du monde de leur doctrine.

Il y a donc un nombre infini de Theologiens & dans la France & aux Pays-bas qui au bruit de cette heresie faite à plaisir, ont pris l'épouvante, surpris par les artifices que nous venons de marquer. Il n'auroit fallu pour les desabuser que leur faire lire l'explication de la doctrine Augustinienne inserée dans cet écrit. Il leur seroit sans doute arrivé ce qui arriva il n'y a pas longtems à une personne de grande consideration par sa doctrine & sa pieté, aussi-bien que par le rang qu'il tient dans l'Eglise, & qui a autrefois enseigné la Theologie dans une fort celebre Université, mais dans un pays où l'on n'a jamais eu aucune connoissance des differens dont nous parlons, que par le canal des adversaires. C'est pourquoi il ne faut pas s'étonner qu'il n'eût point d'autres idées des pretendus defenseurs des cinq Propositions, ou de la grace necessitante, que ce qu'il s'en estoit formé sur ce que leurs antagonistes en publient par tout & en s'appuiant sur leur bonne foy,

Il arriva cependant qu'un Theologien fort habile & fort affectionné à la doctrine de S. Augustin, rendit visite à cette personne, & luy presentât même un ouvrage qui traitoit de cette matiere. Il le reçut fort obligeamment, &

l'impatience de voir ce que c'estoit, le lui faisant feuilleter sur l'heure, comme on fait ordinairement, ses yeux s'arresterent par hazard sur les cinq Articles inserez dans cet ouvrage. Qu'est ce que cela, dit-il aussi-tost? Sur quoi le Theologien lui fit connoître en peu de mots à quelle occasion ils avoient esté dressez, & que c'estoit une explication des sentimens des disciples de S. Augustin sur la matiere des cinq Propositions; qu'elle estoit tres-conforme aux principes & à toute la doctrine de S. Augustin & de S. Thomas sur la grace; & qu'elle avoit esté faite à l'occasion d'une certaine Conference qui s'estoit tenue il y avoit vint-cinq ans entre les RR. PP. Jesuites, & d'autres Theologiens qui ne sont pas de leur sentiment, pour trouver quelque moien de les accorder, si on pouvoit. Tout cela lui estoit nouveau. Car il n'avoit jamais oüi parler ni de la Conference, ni des Articles. Impatient donc de voir par lui-même ce que c'estoit, il les lut tous entiers: & se tournant aussi-tost aprés vers le Theologien: Si vos Disciples de S. Augustin, dit-il, n'ont point d'autres sentimens que ceux-là, ils n'ont que des sentimens tres-Catholiques. Car je ne voy rien ici qui ne soit communément soutenu par ceux qui tiennent la doctrine de la grace efficace par elle-même, & qui ne s'enseigne ordinairement dans toutes les Ecoles du Docteur Angelique. Le Theologien lui assura que c'estoit là précisement les sentimens des Disciples de saint Augustin. Celui à qui il avoit l'honneur de parler ne peut s'empecher de faire paroître de la joye, telle qu'en ont toujours ceux qui aiment sincerement la verité, lors qu'ils viennent à reconoître que ceux qu'ils en croioient ennemis, en sont de veritables disciples. Il ne laissa pas de les accuser un peu de negligence, de ce qu'ils ne produisoient pas par tout cette expli-

ca-

cation Augustinienne comme un bouclier invincible, capable de repousser toutes les calomnies de leurs adversaires. Car, disoit il, quoique cet écrit soit connu en France, & qu'il ait même esté autrefois envoié au S. Siege & soumis à son jugement, les Theologiens Italiens, Espagnols & Allemans n'en ont jamais entendu parler. Cependant je ne voy point de moien plus facile ni plus promt pour fermer la bouche aux calomniateurs, & pour dissiper toutes leurs fausses accusations, que de faire imprimer & publier de nouveau ces Articles, de les faire connoître à tous les Theologiens, de les repandre par toutes les Provinces de l'Eglise; en un mot de faire en sorte que personne n'ignore que c'est uniquement par ces Articles qu'ils veulent qu'on juge de leurs sentimens touchant la matiere des cinq Propositions.

C'est ce que nous faisons maintenant en suivant le sage conseil de cette Personne; & de plus par la necessité de mettre nostre reputation à couvert des fausses accusations de ceux qui nous veulent du mal; par l'obligation que nous impose la charité de faire ce que nous pouvons pour guerir nos freres des mauvais soupçons, ou du scandale même qu'ils auroient pu prendre trop legerement à notre desavantage, & de leur en ôter jusqu'au moindre pretexte; enfin par le juste desir de faire si clairement connoître nos sentimens sur cette matiere aux Evêques, aux Theologiens, aux autres fideles des pays étrangers, qu'ils ne soient plus exposez à estre trompez par les écrits ou par les artifices des autres.

Mais afin que personne ne vienne à s'imaginer que cet écrit soit l'ouvrage de quelque inconnu, & qu'il ne soit ni approuvé par d'autres Theologiens, ni appuie d'aucune autorité Ecclesiastique, il est à propos d'en rapporter ici l'origine,

& d'expliquer en peu de paroles à quelle occasion & de quelle maniere ces Articles furent composez.

III. Au mois d'Aoust de l'an mil six cent soixante & deux Monseigneur l'Illustrissime Gilbert de Choiseul du Plessis Praslain, alors Evêque de Comenge, maintenant Evêque de Tournay, * ayant un ardent desir pour la paix de l'Eglise, écrivit de la Province de Languedoc à Paris, qu'il commençoit à y voir quelque jour; que plusieurs personnes le solicitoient d'y travailler; que le P. Annat, Jesuite (qui estoit alors Confesseur du Roy Tres-Chrestien) non seulement entroit dans cette pensée, mais estoit allé trouver une personne de tres-grande condition pour le prier de faire ensorte qu'il s'y appliquât. Aprés plusieurs ouvertures proposées de part & d'autre, ce Prelat se rendit enfin au desir de ces personnes, & concerta même avec le P. Ferrier Jesuite de Toulouze plusieurs choses dont il estoit necessaire de convenir avant que de s'engager à cette entreprise.

** Ce Prelat est mort depuis peu.*

Il y eut un grand nombre de lettres écrites de Languedoc à Paris, & de Paris en Languedoc sur ces préliminaires, depuis le septiéme d'Août jusqu'à la fin de cette année là. Ce qui fait le plus presentement à nostre dessein, est que l'Evêque de Comenge aiant envoié à Paris dés le 20. d'Octobre un projet d'accommodement qu'il croioit propre à l'execution de ce dessein, les Disciples de S. Augustin y firent presque aussitost une reponse, où l'on inseroit cet avis tres-
„ sage : Que tout l'examen que l'on devoit faire
„ pour s'assurer qu'il n'y a point de nouvelle he-
„ resie dans l'Eglise consistoit uniquement à sa-
„ voir, quelle doctrine les disciples de S. Au-
„ gustin tenoient sur la matiere des cinq Propo-
„ sitions; qu'ils l'avoient tres-souvent declaré
„ nettement & distinctement dans plusieurs
„ écrits,

„ écrits, mais que pour épargner aux autres la „ peine de les relire, ils s'offroient de reduire „ en cinq Articles tout ce qu'ils faisoient pro- „ fession d'enseigner sur la matiere de ces Pro- „ positions condamnées. „ Voilà la premiere origine des cinq Articles.

Cependant M. de Comenge reçut les ordres du Roy pour se rendre à la Cour, afin de s'appliquer tout entier à l'ouvrage de la paix de l'Eglise & de l'accommodement des Theologiens, en menageant les esprits & en dirigeant la Conference, qui se devoit former pour cela entr'eux, par sa sagesse, sa science, & son habileté ordinaire.

Ce Prelat arriva à Paris le dernier jour de l'année 1662. & aussi-tost que les Disciples de S. Augustin purent avoir l'honneur de le saluer & de l'entretenir, la premiere chose dont ils lui parlerent fut l'explication tres-claire de leurs sentimens sur la matiere des cinq Propositions, qu'ils desiroient donner avant toutes choses, conformement à ce qu'ils en avoient écrit en Languedoc en repondant au projet d'accommodement; afin que s'ils estoient jugez orthodoxes par les RR. PP. Jesuites mémes, il n'y eut plus lieu de soupçonner d'erreur ceux qui auroient justifié de cette sorte la pureté de leur foy.

C'est surquoi ils insisterent uniquement dés le tems que M. de Comenge fut arrivé à Paris, & ils le prierent même d'en faire la proposition au P. Ferrier, qui avoit esté choisi par les Jesuites pour soutenir leurs interests dans la Conference. Le Prelat fit ce qu'on desiroit de lui. Car estant allé trouver ce Pere le Vendredi 12. Janvier 1663. au College des Jesuites de Paris, où il estoit ce jour-là, il luy demanda, s'il ne tiendroit pas pour Catholiques sur le sujet des cinq Propositions ceux qui feroient voir qu'ils ne soutiennent autre chose sur cette matiere, que ce qui s'enseigne communément dans l'Ecole de S. Thomas : il en demeura d'accord. Mais en même tems il pretendoit, comme il fit encore dans la suite, jusqu'au 20. Janvier, qu'il falloit commencer la Conference par la discussion de quelques autres points. Cependant les Disciples de S. Augustin ne se relâcherent jamais de la proposition qu'ils avoient faite de donner la Declaration de leurs sentimens sur la matiere des cinq Propositions, estant persuadez qu'il n'y avoit rien qu'ils dûssent avoir plus à cœur, ni qui fust plus propre à avancer l'accommodement, que de mettre en évidence la pureté de leur foy avant que l'on examinât aucune autre chose.

C'est pourquoi ces cinq Articles furent portez le 21. Janvier à M. de Comenge par M. Noel de la Lane Abbé de Val-Croissant, Docteur en Theologie de la Faculté de Paris, le même qui dix ans auparavant avoit defendu à Rome la doctrine de S. Augustin en presence du Pape Innocent X. au nom de plusieurs Evesques de France, & qui avoit esté choisi pour soutenir les interests des Disciples de ce saint Docteur dans la Conference, conjointement avec M. Claude Girard Licentié en Theologie de la même Faculté. L'exemplaire qui fut alors mis entre les mains de M. de Comenge n'estoit signé de personne ; mais ces deux Theologiens en aiant signé un autre le 23. du même mois, ils le presenterent le lendemain à ce Prelat.

Avant ce jour 24. le P. Ferrier en avoit aussi reçu une copie par les mains de M. de Comenge ; & ce Pere aiant temoigné qu'il seroit bien-aise d'en conferer, on assigna la conférence au 25. & durant ce jour & le suivant, qui furent les premiers ou les deux Theologiens conferererent avec ce Pere, on examina ces cinq articles.

IV. Or il est certain, comme les Actes de la conference en font foy, que dans cet examen de deux jours le P. Ferrier ne trouva rien à redire aux cinq Articles, sinon ces deux petits mots du premier Article : NON POTUISSE ; *Qu'ils n'ont pu* : surquoi la dispute fut assez vive. Mais aprés une longue contestation on offrit au P. Ferrier de rendre le Pape juge de la question, & de consulter le S. Siege : *Si on ne peut dire en aucun sens que sans la grace efficace par elle-même on ne peut*, &c. On avoit plus de deux cent textes formels des Peres & des Conciles, ou parlant tres-certainement de la Grace efficace par elle-même, ils enseignent, *Que sans elle on ne peut.* On savoit d'ailleurs, que la contradictoire de cette proposition avoit esté condamnée d'erreur par la Congregation *De Auxiliis*, en ces termes : QUI DIXERIT SINE EA POSSE ALIQUEM ACTU VELLE ET OPERARI, ERRAT : *Quiconque dit, que sans elle quelqu'un peut actuellement vouloir & operer, celui-là est dans l'erreur.* C'est pourquoi on temoigna à ce Pere que l'on se tenoit tres-assuré que le Pape ne condamneroit jamais cette expression : *Sans la grace efficace on ne peut* ; parce que ce seroit condamner la doctrine commune des Peres, & le Jugement d'une celebre Congregation, que le Pape Innocent X. avoit declaré de vive voix & par ecrit, qu'il avoit laissé en son entier par sa Constitution. Le P. Ferrier ne jugea pas à propos de s'en remettre au jugement du Pape, quelque credit que ses Confreres eussent à Rome : sans doute parce qu'il savoit bien dans son cœur qu'il n'y a rien que de tres-orthodoxe dans cette Proposition.

Le Prelat apprehendant que cette contestation ne fut une occasion de rompre la Conference, proposa cet expedient pour la terminer; qui fut de laisser l'Article comme il estoit, mais d'ajouter au pied une clause, qui en contiendroit l'explication, en la maniere qu'on l'y voit maintenant dans ces paroles : QUARE CUM DICIMUS, &c. *C'est pourquoi quand nous disons*, &c. Ce qui aiant esté accepté des deux partis, le P. Ferrier ne fit plus de difficulté sur les Articles durant tout le tems de la Conference, qui dura neuf mois. En effet il se seroit fait grand tort, s'il les eût desapprouvez, puisqu'ils estoient approuvez de tout le monde, & particulierement de Monseigneur l'Illustrissime Hardouin de Perefixe alors Archevesque de Paris, à qui M. de Comenge les communiqua un Lundi vint-neuviéme du même mois de Janvier. Ils ne furent pas trouvez moins orthodoxes par Messeigneurs les Illustrissimes Henri de la Motte-Houdencourt Archevesque d'Ausch & François de Harlai alors Archevesque de Rouen, maintenant de Paris, lors que sept mois aprés ils leur furent montrez par le même Prelat.

Le 26. Fevrier de la même année, il se tint une conference chez Monseigneur l'Evesque Duc de Laon, (c'est aujourd'hui l'Eminentissime Cardinal d'Estrées) où se trouverent M. de Perefixe Archevesque de Paris & M. de Comenge. Le P. Annat & le P. Ferrier aussi bien que les deux Theologiens s'y rendirent aussi. Il y fut parlé en presence de ces trois Prelats des mêmes Articles. M. l'Abbé de la Lane leur rapporta ce qui s'estoit passé à ce sujet entr'eux & le P. Ferrier; que ce Pere n'y avoit rien trouvé à redire, sinon à un endroit du premier; qu'il avoit esté éclairci par l'addition qu'on y avoit faite; & qu'il estoit demeuré pour constant qu'il n'y avoit plus de difficulté touchant le dogme. M. de Comenge confirma tout ce que cet Abbé dit alors sur ce sujet.

Or il y a une circonstance dans l'histoire de ces Articles, qui doit estre extremement considerée, avant que d'aller plus avant. C'est d'une part, que ces Articles ont reçu, comme nous verrons plus bas, une approbation generale; & de l'autre, qu'il n'a fallu user ni d'artifices, ni de menaces, ni de la force des raisons, pour obliger les Disciples de S. Augustin à donner cette declaration de leur doctrine. Ce sont eux qui de leur propre mouvement ont presenté ces cinq Articles, & qui ont même pressé qu'on les reçut: & il se faut bien garder de croire qu'ils aient esté le fruit & la conclusion de la Conference, puisqu'il est visible au contraire qu'ils en ont esté le préambule & le préliminaire. Il n'y a pas sujet de s'en estonner, puisqu'ils avoient toujours declaré auparavant dans un grand nombre d'Ouvrages imprimez qu'ils n'avoient point d'autre doctrine que celle-là. Il ne faut, pour en faire foy, qu'ouvrir la Dissertation Latine qui porte ce titre: *Dissertation Theologique de M. Antoine Arnauld Docteur de Sorbonne touchant cette proposition de S. Chrysostome & de S. Augustin:* La grace sans laquelle on ne peut rien, a manqué à S. Pierre: *Au tres-celebre & tres-savant Theologien de l'Eglise Romaine le R. P. Dom Hilarion Abbé de S. Croix in Jerusalem.* Cette Dissertation imprimée il y a plus de trente-six ans, c'est à dire, en 1656. aiant esté d'abord envoiée à Rome, non seulement à cet Illustre Abbé, mais encore à l'Eminentissime Cardinal François Barberin, & à quelques autres Prelats, fut lue par la pluspart des Theologiens de cette Ville: & il faut que les sentimens en aient esté trouvez tres-orthodoxes, puisque les adversaires n'ont pu avec tout leur credit, ni par tous leurs artifices, venir à bout de la faire flétrir par la Censure.

Il y a deux consequences à tirer de la Remarque que l'on vient de faire. La 1. que ces Articles contiennent les veritables sentimens des Disciples de S. Augustin, tels qu'ils les ont toujours eus dès le commencement, non des sentimens ausquels ils se soient rendus par le desir de se mettre en repos & de faire leur accommodement. La 2. Qu'il n'y à personne maintenant à qui il ne doive estre evident, que la fable d'une nouvelle heresie dont on a si longtems amusé le monde, n'a jamais eu aucun solide fondement; Que ceux qui ont excité sans raison dans l'Eglise un orage qui dure depuis si long tems, se sont rendus coupables d'un crime ou plutost d'une infinité de crimes tres-enormes: & qu'enfin il n'y avoit rien de si aisé que d'etouffer, si on l'eut voulu, dès leur naissance, ou méme d'empecher de naistre, ces funestes divisions que l'on entretient dans l'Eglise depuis tant d'années.

V. Les Disciples de S. Augustin desirant avec passion de les voir ensevelies dans un eternel silence, & leur conscience les assurant de la pureté de leurs sentimens sur les matieres contestées, supplierent enfin M. de Comenge par un Ecrit souscrit de leur main & datté du septiéme Juin 1663. de vouloir envoier à N. S. P. le Pape Alexandre VII. les cinq Articles dont on estoit convenu, & les accompagner d'une Lettre par laquelle il auroit la bonté de rendre témoignage à S. S. de leur profond respect & de leur sincere soumission pour le S. Siege. Ce Prelat le fit avec joie: & s'il n'eut esté assuré que ces articles estoient conformes aux sentimens reçus & approuvez dans l'Eglise, il n'auroit eu garde de les faire presenter à S. S. comme une preuve que ceux qui les avoient signez ne tenoient aucune erreur sur cette matiere. C'est ce que ce Prelat disoit lui-méme le 18. de Septembre de la méme année à MM. les Archechevesques de Rouen & d'Ausch en presence de celui de Paris au Parc de Vincennes, où ils se trouverent ensemble ce jour-là.

Le Pape aiant reçu les Lettres de cet Evesque avec les cinq Articles, aprés les avoir examinez écrivit le 29. Juillet aux Archevesques & Evesques de France. Le Bref de S. S. fut reçu par ceux qui se trouverent à Paris, & qui s'assemblerent pour cela le 2. d'Octobre; & par leur ordre les Agents du Clergé en envoierent copie à tous les autres Evesques du Royaume, à qui ils disoient dans leur lettre particuliere, *Que ce Bref de N. S. P. le Pape est une Reponse à certains Articles qui ont esté envoiez cy-devant à Sa Sainteté.*

Il faut encore se souvenir ici que le point principal, & presque l'unique, sur lequel rouloient tous les differens en question, estoit que l'on disoit qu'il y avoit certains heretiques nouveaux qui enseignoient des erreurs contraires aux Constitutions des Papes. C'est pourquoi pour mettre la foy de l'Eglise à couvert & lui procurer une paix solide, le Souverain Pontife n'avoit rien pour lors à faire de plus utile, ni même de plus necessaire, que de s'appliquer à bien connoître la doctrine de ces Theologiens qui s'efforçoient de faire connoître la pureté de leur foy au S. Siege. Qui peut donc douter que le principal soin qu'ait eu alors S. S. n'ait esté d'examiner avec toute l'application & l'exactitude possible & par lui-même, & par ses Theologiens, les Articles qui lui estoient presentez de la part des Theologiens qu'on lui avoit rendus suspects; & qu'ensuite, aiant à en écrire aux Evesques de France, il ne dût ou marquer les erreurs qu'il y auroit trouvées, ou declarer qu'il n'y avoit rien rencontré que de Catholique. Il est d'autant plus croiable que ce Pape qui avoit beaucoup d'erudition, se sera donné lui-

même

méme cette peine, que jusques-là il n'avoit esté informé des sentimens de ces Theologiens sur la matiere des cinq Propositions que par des yeux etrangers. C'estoit la premiere fois que ces Theologiens par le secours de M. de Comenge, avoient eu accez au Pape Alexandre VII. leurs Adversaires aiant toujours eu tres-grand soin d'empecher qu'ils n'informassent par eux-méme S. S. de leurs veritables sentimens. Ce seroit donc bien mal raisonner & en méme tems juger bien desavantageusement d'un Pape fort intelligent, que d'avancer, ou qu'il n'auroit pas daigné lire par lui-méme ces Articles, ou que les aiant lus il auroit mieux aimé juger des sentimens de ceux qui presentoient ces Articles à son tribunal, par ce que d'autres lui en auroient dit, que par leur propre profession de foy.

Mais quoi qu'on puisse dire, il est certain que le Pape lût lui-méme ces Articles, & qu'il témoigna qu'ils contenoient une *saine doctrine*. Car aiant comparé la doctrine que leurs adversaires lui avoient fait entendre que ces Theologiens soutenoient, avec celle qu'il avoit alors devant ses yeux dans leurs Articles, il temoigna sa joie par ces paroles de son Bref: *Ce que nous avons appris par les lettres arrivées depuis peu de France ne nous a pas causé peu de joie, savoir que l'on voit croitre de jour en jour le nombre de ceux dont les sentimens sont purs & Catholiques ..... & qui se sont declarez pour la saine doctrine.* Si ce n'est pas là declarer que ces Articles ne sont suspects d'aucune erreur, je ne say plus ce que veulent dire ces paroles, *une saine doctrine*.

VI. Ce n'en seroit pas une preuve bien forte que de dire que les Disciples de S. Augustin ont pris dans ce sens ces paroles du Bref de S. S. si dans une Declaration presentée de leur part au Roy Tres-Chrestien le 24. Septembre de la méme

me année, ils n'avoient témoigné publiquement leur joie de voir leurs Articles approuvez par le saint Pere : *Nous n'avons point*, disent-ils, *d'autres sentimens sur la matiere des cinq Propositions que ceux qui sont contenus dans les Articles qui ont esté envoiez au Pape de nostre part, & que nous avons soumis à son jugement, & desquels il paroist par quelques termes du dernier Bref que Sa Sainteté a esté satisfaite.* C'est donc quelque chose de considerable que d'avoir pris acte, pour ainsi dire, de cette approbation dans une Declaration qui avoit esté examinée auparavant par le Prelat qui la presenta au Roy ; que S. M. reçut sans y trouver rien à redire ; qui a esté inserée dans les Actes du Clergé, & qui par son ordre a esté envoiée à tous les Evesques & renduë publique par l'impression.

Ce ne fut pas la derniere fois que l'on eut l'honneur d'en parler en ces termes à Sa Majesté. Car dans la celebre Requeste qui lui fut presentée en 1668. par les Ecclesiastiques qui avoient esté à Port-royal, on s'y en expliqua de cette maniere : *Nous avons bien voulu aller au devant des interpretations malicieuses que l'on pouvoit donner à nos sentimens. Nous en avons envoié l'Explication en termes clairs & précis au feu Pape d'heureuse memoire. Et ce Pape, que personne ne soupçonnera de nous avoir esté trop favorable, nous a rendu le témoignage le plus avantageux que nous pouvions souhaiter, en declarant par son Bref que nostre doctrine estoit* SAINE.

C'est dans ce méme sens que le Bref a esté entendu par les 14. Evesques qui composoient l'Assemblée du 2. Octobre de la méme année, comme il paroist par leur Lettre au Pape dattée du méme jour. Car y faisant mention de la Declaration françoise dont nous venons de parler, & en rapportant méme une partie, ils n'auroient pas manqué de se plaindre à S. S. de

l'abus

l'abus que ces Theologiens faisoient de son Bref, s'ils avoient imposé & au Roy & à eux-mémes par une fausse interpretation de ces paroles.

M. l'Evesque de Comenge ne l'a pas entendu autrement dans sa longue Lettre à l'Eminentissime Cardinal François Barberin ecrite aprés le 2. d'Octobre ; & dans celle qu'il écrivit de son Diocese au Roy Tres-Chrestien le 21. Janvier 1664. & qui a esté donnée depuis au public. Il y marque expressement , „que Sa „Sainteté avoit témoigné dans ce Bref la satis„faction qu'Elle avoit de ce que les principaux „de ceux qui avoient esté soupçonnez de n'e„stre pas dans les sentimens de l'Eglise, estoient „reduits à une meilleure doctrine que celle „qu'on avoit cru jusques alors qu'ils soute„noient ; Que ces Theologiens y parlent com„me on parle dans les Ecoles Catholiques ; „Que la Religion y est à couvert , puisque „tout ce que le Formulaire méme contient „d'appartenant à la foy est sauvé par la profes„sion de foy qu'ont faite ces Theologiens sur „la matiere des cinq propositions ; Qu'aprés „cette Declaration il ne pouvoit plus y avoir „d'heresie, ni d'heretique dans l'Eglise ; que „ces cinq Articles avoient mesme fermé tou„tes les avenues & à l'erreur & à l'opinia„treté.

C'est dans ce mesme sens que ces paroles du Pape ont esté rapportées par l'Illustrissime Nicolas Pavillon Evesque d'Alet dont la memoire est en benediction , & que le Pape Innocent XI. de sainte memoire loue dans les Brefs dont il l'a honoré , pour *l'excellence de ses vertus, ses soins & ses travaux infatigables pour son troupeau , sa pieté singuliere, sa vigilance , sa charité, & son zele ardent pour la paix & la concorde entre les Theologiens Catholiques.* C'est dans

dans une Lettre maintenant imprimée, & écrite à feu M. de Perefixe Archevesque de Paris en datte du 7. Novembre 1667. où il parle ainsi : *Ces Theologiens ont envoié au Pape leur Profession de Foy sur la matiere des cinq Propositions, contenue en cinq Articles, laquelle a esté jugée orthodoxe, & où le Pape a declaré qu'il n'avoit trouvé qu'une saine doctrine.*

Les principaux Disciples de S. Thomas n'ont point trouvé d'autre sens dans ces paroles du Bref. Temoin le P. Gonnet celebre Theologien de l'Ordre de S. Dominique, qui dans des Ouvrages de Theologie imprimez par l'ordre de son General & approuvez par d'habiles Theologiens de ce Corps, a inseré ces cinq Articles, & n'a pas fait difficulté d'assurer qu'ils avoient esté approuvez par le S. Siege Apostolique. Voici comme il en parle dans son Apologie des Thomistes *art.* 8. *n.* 134. qu'il écrivit du vivant même du Pape Alexandre VII. par qui il paroist qu'il n'apprehendoit point d'estre dementi : *Notre T. S. P. le Pape Alexandre VII. qui gouverne heureusement l'Eglise, a aussi declaré* SAINE ET CATHOLIQUE *la doctrine de la grace efficace par elle-même, dans un Bref donné à Rome le 29. Juillet 1663. & adressé aux venerables Archevesques & Evesques de France. Car l'Illustrissime & tres savant Evesque de Comenge, M. Gilbert de Choiseul, aiant envoié à S. S. certains Articles qui contiennent la doctrine de la grace efficace par elle-même* DANS LE MEME SENS QU'ON L'ENSEIGNE DANS L'ECOLE DE S. THOMAS, *le Pape se rejouit avec les Evesques de l'Eglise Gallicane, de ce que par leur exemple, leurs conseils & leurs soins plusieurs avoient embrassé* UNE SAINE DOCTRINE. Apres quoi il rapporte le Bref entier, & ensuite les cinq Articles.

Le P. Vincent Contenson Theologien du mê-

même Ordre tres recommandable par sa pieté, aussi bien que par sa science, cite le même Bref dans le même sens & en rapporte une partie: *Dans un autre Bref*, dit-il, *donné à Rome le 29. Juillet 1663. aux Evesques de France, le même Pape Alexandre VII.* APPROUVA *la doctrine de la grace efficace par elle même: & congratula les Evesques de ce Royaume de ce que par leurs soins, ceux que l'on avoit accusez de defendre les cinq Propositions dans leur sens naturel, avoient fait connoistre par leurs Ecrits qu'ils les détestoient sincerement, & n'en retenoient que le sens de la grace efficace expliqué dans certains Articles envoiez au S. Siege Apostolique par l'Illustrissime Evesque de Comenge.*

Les Disciples de S. Thomas avoient grande raison de croire que la doctrine de leur Ecole se trouvoit approuvée dans ces Articles. Car ils sont en effet tellement conformes aux principes, aux conclusions, & au langage même des Thomistes, comme le Prelat le remarque plus d'une fois dans sa Lettre au Roy, que ceux qui formeront leurs sentimens touchant la matiere des cinq Propositions sur cette explication, paroitront avec raison n'enseigner précisement que ce que tient sur ce sujet l'Ecole de S. Thomas. M. de Comenge nous en fournit un autre temoin au même endroit, en la personne du même Archevesque d'Ausch dont nous avons déja parlé, & qui estant Docteur de la Faculté de Paris & tres habile, estoit tres-capable d'en juger. Apres donc que M. de Comenge luy eut fait voir ces Articles sur la fin de Septembre 1663. il dit positivement, *Qu'il les trouvoit Catholiques, & conformes à la doctrine d'Alvarez.*

Enfin les plus habiles Theologiens à Rome & ailleurs ont suivi les Thomistes dans l'interpretation de ces paroles du Bref, & les suivent en-

encore aujourd'huy communément. Ceux de la celebre & savante Faculté de Theologie de l'Université de Louvain nous tiendront lieu maintenant de tous les autres. Car nous apprenons que ces Articles y sont souvent soutenus & proposez dans les Theses ordinaires comme une explication exacte de la doctrine de S. Augustin & de S. Thomas sur cette matiere, & comme un modele & un guide approuvé du S. Siege auquel peuvent s'attacher sûrement ceux qui étudient en Theologie, sans craindre qu'en le suivant ils tombent dans aucun des precipices & des erreurs opposées dans la matiere des 5. Propositions. C'est à ce dessein qu'ils ont esté inserez dans des Theses publiques par les savans Docteurs & Professeurs en Theologie de cette Faculté M. Martin Steyaert, jusqu'à trois differentes fois, M. Jean Libert Hennebel le 26. d'Aoust 1687. & M. Martin Henri de Swaen le 4. d Octobre 1689.

Voilà au vrai l'histoire des cinq Articles, tirée fidellement des Memoires & des Ecrits plus amples qui furent faits en François aussi-tost apres la Conference, & publiez dans le tems où la memoire de tout ce qui s'y estoit passé estoit encore toute fraiche, & où la verité de tous ces faits passoit pour constante dans l'esprit de tout le monde. Plusieurs Illustres Prelats, qui eurent part à cette affaire, ou qui en furent informez sont encore en estat d'en rendre bon temoignage, & particulierement celuy qui en eut la direction, & qui estoit comme le Mediateur de la paix entre les Theologiens de l'Eglise.

VII. Apres que les Disciples de S. Augustin ont justifié leur Foy & fait toucher au doigt la pureté de leurs sentimens par une explication si claire, si exacte, appuiée de l'approbation de tant d'Evesques & de Theologiens, que peut-on on desirer davantage pour estre persuadé que leur doctrine est extrêmement eloignée de toute erreur? Que reste-t'il qui empeche qu'on ne les laisse en repos en se défaisant une bonne fois de l'illusion d'un phantôme d'heresie qui n'a aucun fondement dans leur doctrine, & qui cependant est depuis tant d'années le seul pretexte des calomnies & des vexations qu'ils ont souffertes de la part de leurs adversaires.

Que si ces adversaires ne se sentant pas pleinement satisfaits par cette declaration, avoient encore des difficultez sur ce sujet, ont-ils droit pour cela de décrier leur freres & de noircir leur reputation par des accusations vagues & generales? S'ils les croient coupables, n'y a-t'il pas des Juges par tout, les Tribunaux ne sont-ils pas ouverts à tout le monde? Nous y paroitrons hardiment; nous sommes prests d'y rendre raison de nos sentimens & de notre conduite. Qu'ils forment contre nous une accusation d'heresie; qu'ils produisent des temoins: on ne nous trouvera point en defaut.

Mais il y a trois choses que nous les prions instamment de remarquer, & que nous avons même droit de leur demander en bonne justice.

La premiere est, qu'ils se doivent souvenir que c'est ici une cause d'heresie & un procés qui concerne la foy: & que comme la foy consiste uniquement dans les veritez revelées de Dieu à l'Eglise; aussi n'y a-t'il point d'heresie où il n'y a point de dogme heretique & contraire à la foy revelée. S'ils ont donc d'assez bons yeux pour découvrir quelque proposition heretique dans l'Explication ou les cinq Articles rapportez dans cet Ecrit, qu'ils la dénoncent au S. Siege, s'ils sont assez hardis pour cela, qu'ils s'en plaignent aux Evesques, qu'ils la portent à tout autre

autre Tribunal Ecclesiastique qu'il leur plaira : on les en défie.

La seconde est, qu'afin de mieux convaincre le S. Siege & tous autres Juges, qu'il y ait une nouvelle secte qui se soit élevée dans la France & aux Pays bas, ils aient à nommer une seule personne, Theologien ou autre, qui ait esté convaincu d'avoir soutenu ou enseigné quelqu'une des erreurs condamnées par les deux Constitutions des Papes. Car si le monde estoit plein de gens qui soutiennent, ou une grace necessitante, ou les autres erreurs pernicieuses, comme les adversaires se tuent de le publier par tout, comment auroit-il pu se faire qu'ils fussent par tout échappez à la diligence de ceux qui en ont fait la recherche avec une vigilance, une ardeur, une application & une exactitude achevée, & avec tous les secours qu'ils pouvoient desirer de la puissance Ecclesiastique & seculiere.

La troisieme chose enfin qu'on leur demande est, qu'ils donnent à leur tour une Declaration de leurs sentimens sur la matiere des cinq Propositions, & qu'ils l'exposent au jugement du S. Siege Apostolique. Mais il ne faut pas que ce soit une Declaration obscure, ambigue, embarassée, entortillée d'equivoques, comme c'est leur coutume, mais une Declaration nette, claire, simple, & où l'on voie leurs sentimens à nud. Car il est de la justice que ceux qui entreprennent de rendre la Foy des autres suspecte, exposent & justifient eux-mêmes la leur. Il n'y a cependant gueres d'apparence que ce défi les engage à s'expliquer ; & ils craindront sans doute que s'ils le faisoient, tout le monde ne vint à connoître que leurs nouvelles opinions approchent fort, pour n'en dire pas davantage, des anciennes erreurs condamnées & proscrites il y a si long tems par l'Eglise, comme l'ont fort bien remarqué le Pape Clement VIII. de sainte memoire & la Congregation *De Auxiliis*.

VIII. Mais comme il y a peu de sujet d'esperer que l'on puisse venir à bout, ou de plaider avec eux devant un Tribunal reglé, ou d'obtenir d'eux de pouvoir vivre en paix, leur coutume estant d'éviter les jugemens publics, & d'éluder par leurs artifices ou de rejetter ouvertement tous les conseils de paix : C'EST A VOUS, C'EST A VOUS que nous avons recours & en qui nous mettons, apres le secours du ciel, toute notre esperance. VOUS, ô Tres-saint Pere ALEXANDRE VIII. que le Dieu tout bon & tout-puissant vient d'elever à la suprême dignité de la Primauté Apostolique, afin que vous soiez uniquement occupé des interests de JESUS-CHRIST, & que vous aimiez, conserviez & protegiez par votre Autorité sacrée la verité & la paix de son Eglise : VOUS, Nosseigneurs les Eminentissimes Cardinaux de l'Eglise Romaine, qui par la sagesse de vos conseils soutenez une partie du poids des affaires du S. Siege Apostolique : VOUS enfin, Illustrissimes Archevesques & Evesques que le S. Esprit a établis pour gouverner l'Eglise de Dieu.

Nous vous conjurons donc par votre amour pour la verité, par votre zele pour la paix, par votre attachement aux interests de l'Eglise, de secourir cette Epouse de JESUS-CHRIST qui souffre depuis si long tems ; de defendre la verité agitée par de si longues & si facheuses contestations ; de procurer par vos soins aux enfans de la paix, la paix qu'ils desirent & qu'ils cherchent inutilement depuis tant d'années. Soyez, s'il vous plaist, persuadez que tous ces bruits qu'on repand dans le monde d'une nouvelle heresie, d'une nouvelle secte, de certains nouveaux heretiques, ne sont que des contes faits à plai-

plaisir, des songes & des visions, & de vains phantômes, dont certaines gens font peur au monde pour leurs propres interests. Il n'y a rien à craindre, quant à ce qui nous regarde, pour la pureté de la Foy Catholique, que nulle nouvelle erreur ne fletrit; Rien pour l'unité de l'Eglise, à laquelle nulle secte nouvelle ne donne atteinte; Rien pour le respect & la veneration due au S. Siege Apostolique, dont les Constitutions ne sont blessées & deshonorées que par ceux qui se font un plaisir de faire croire cette fausseté, qu'il y a dans le sein de l'Eglise un grand nombre de personnes qui s'opposent à ces Bulles, & qui ne condamnent pas les erreurs condamnées par ce Siege qui a herité de la Primauté de S. Pierre. Cela est si faux, qu'il est certain au contraire que tous les Catholiques, & principalement les Disciples de S. Augustin, ont embrassé la condamnation de ces erreurs sans aucun delay & avec une soumission unanime. Et il n'y a personne, pour peu intelligent qu'il soit, qui ne juge que c'est l'honneur du S. Siege, de voir ainsi tout le monde soumis avec tant de promptitude & d'union à cette decision si celebre; & que c'est au contraire le deshonorer, que de dire en l'air & sans preuves qu'un grand nombre d'habiles Theologiens refusent de s'y soumettre.

Il semble donc que pour reünir tous les esprits par le lien de la paix, il n'y auroit presque rien autre chose à faire que d'interdire par Vostre Autorité Apostolique l'usage de ces paroles seditieuses, de ces noms de parti, de cette secte imaginaire, dont ceux qui les ont inventez & qui les entretiennent, remplissent continuellement les Eglises, les Ecoles, les Cours des Princes, les esprits des peuples, en un mot tout le monde; pour animer les uns contre les autres, & entretenir entr'eux un esprit d'aigreur

greur & de division qui tient quelque chose du schisme. Et il seroit aisé de supprimer ces noms si odieux, si les Evesques & sur tout le Chef & le Primat de tous les Evesques faisoient connoitre aux Princes Catholiques ;

QUE rien n'est plus eloigné de l'esprit du Christianisme, rien plus contraire à la paix de l'Eglise & à la tranquillité publique, que de ce qu'on souffre certaines gens se donner impunément la liberté d'attaquer la foy & de noircir la reputation de tous ceux des Catholiques qu'il leur plaist, sans les accuser en particulier de soutenir aucun dogme heretique dont ils puissent les convaincre, ou dont ils osent bien soutenir l'accusation devant des Juges publics.

QU'IL est d'une grande consequence pour le bien de la Republique Chretienne d'arrester cette licence effrenée de calomnier ses freres, & qu'il est necessaire d'en arracher les racines du champ de l'Eglise ; de quoy il seroit facile de venir à bout, si par un Edit public & sous de grieves peines ausquelles toutes sortes de personnes sans distinction & sans acception fussent sujettes, il estoit defendu à qui que ce soit de traiter aucune personne d'heretique ; ni de l'accuser en general de soutenir les cinq Propositions condamnées ou quelqu'une de leurs erreurs, à moins qu'il ne veuille bien comparoitre avec l'accusé devant un Tribunal reglé pour y soutenir son accusation & y voir prononcer par un jugement contradictoire sur cette imputation d'heresie.

QUE le S. Siege enfin reconnoît, & qu'on doit aussi reconnoître par toute l'Eglise, que ceux-là sont bons Catholiques sur cette matiere & condamnent sincerement les erreurs des cinq Propositions, qui pour eviter qu'on ne croie qu'ils les condamnent dans les faux sens & selon les interpretations erronées de quelques nou-

nouveaux Theologiens, s'expliquent sur les cinq Propositions de la même maniere que les cinq Articles rapportez cy-dessus.

Les Disciples de S. Augustin s'en tiendront donc à ces cinq Articles comme à une ancre ferme & assurée, tant qu'ils ne seront ni condamnez ni rejettez par l'Autorité de l'Eglise & du S. Siege Apostolique, à laquelle, comme ils ont toujours esté tres soumis, ils feront aussi profession d'estre toujours religieusement attachez jusqu'au dernier soupir par une obeissance sincere & inviolable.

FIN.